MYTHOS WEIẞWURST

Peter M. Lill
Ludwig Margraf

Mythos Weißwurst

Knürr Verlag

2. Auflage 1999

Sperberstraße 23 - 81827 München
Tel. 089-43 76 61 00 - Fax 089-439 29 86
knuerr-verlag@t-online.de

Umschlag Vorderseite: Matthias Töpfer
Umschlag Rückseite: Bildarchiv Paulaner-Brauerei

Herstellung:
Servicebüro Burgauner, München
(Christoph Burgauner und Oliver Brauer)

Druck: Wiener Verlag (Himberg bei Wien)
Printed in Austria

ISBN 3-928432-23-0

Marterl-Inschrift vom Weißwurstmetzger

Hier ruht der Metzger Pfab
In diesem kühlen Grab.
Seine Weißwürscht waren eine Freid,
Gott schenk ihm ewige Seligkeit.

Inhalt

Die Autoren

Peter M. Lill, Jahrgang 1947, geboren in München, wuchs in Schifferstadt in der Rheinpfalz auf, wo bekanntlich die Wurst neben dem Wein einen hohen Stellenwert einnimmt. 1968 kam er in seine Geburtsstadt zurück und begann ein Bauingenieurstudium an der TU, um sich dann kurzerhand für eine andere Karriere zu entscheiden.1971 änderte ein Zeitungs-Volontariat seinen Lebensweg. Als Sportreporter bereiste der bayrische Pfälzer später die ganze Welt und berichtete von Ereignissen wie den Olympischen Spielen in Seoul (Korea) oder Calgary (Kanada), der Formel 1-, der Rallye-, Sportwagen- oder Motorrad-WM, aber auch von zahlreichen Welt- und Europameisterschaften in den verschiedensten Sommer- und Winter-Sportarten.

Seit 1991 arbeitet Peter M. Lill als Freier Journalist in Ebersberg, wo er seit fast 30 Jahren mit Frau, Sohn und Tochter wohnt und sich wohlfühlt. Er ist Autor zahlreicher Bücher, darunter Werken über bayerische Sportgrößen wie Motorradweltmeister Toni Mang oder Rallye-Champion Walter Röhrl, aber auch über die pfälzische Küche oder wie man erfolgreich abnimmt. Kochen und gutes Essen sind sichtbar seine Hobbies.

***

Ludwig Margraf wurschtelt sich seit 1946 sehr erfolgreich durchs Leben. Der gebürtige Ebersberger kam als Metzgerssohn zur Welt. Bereits früh trat er in die Fußstapfen seines Vaters, der aus Franken stammte, das für eine ausgezeichnete Wurstherstellung ja berühmt ist. Bereits als Zwanzigjähriger legte Ludwig Margraf seine Meisterprüfung ab und war damit Deutschlands jüngster Metzgermeister. Seit 1974 fungiert der verheiratete Vater zweier Söhne als Obermeister der Metzgerinnung Ebersberg.

Das Ansehen seines Berufsstandes liegt ihm am Herzen, die Weißwurst ist neben seiner Familie und dem Radlfahren sein Leben. Seine Weißwurstseminare sind schon Legende – wie seine Weißwürste selbst, die bereits Kultstatus genießen. Gute Freunde dürfen sie bei ihm in der Metzgerei „kesselfrisch" genießen. Da reicht dann oft der Platz nicht aus. Der Weißwurstspezialist, 1974 als erster deutscher Metzger mit dem Großen DLG-Preis für Weißwürste „Münchner Art" ausgezeichnet, hatte die Idee für dieses Buch. Weil seiner Meinung nach sonst irgendwann verloren geht, wie die Weißwurst wirklich entstand und zu welchen epochalen Leistungen das bayerische Metzgerhandwerk imstande war und ist.

Die Illustratoren

Roland Töpfer, Jahrgang 1929, lieferte Zeichnungen für dieses Buch. Der Grafiker gilt als einer der ganz Großen seiner Zunft. Das berühmte HB-Männchen, das so gerne in die Luft ging, stammt aus seiner Feder und machte ihn weit über den Weißwurstäquator hinaus bekannt. Roland Töpfer lebt heute in Bad Endorf, hat dort

Vorwort

Um das bayerische Schmankerl Weißwurst ranken sich zahlreiche Legenden, Anekdoten und Geschichten. Sie sorgten für den einzigartigen Mythos, den diese Delikatesse heute umgibt. Längst genießt die Weißwurst auch Kultstatus und gehört zum allgemeinen Bayernbild wie das Bier, BMW und die Bavaria, oder der Watzmann, die Wittelsbacher und der Wolpertinger.

Die Weißwurst machte Karriere: Im Laufe der Zeit entwickelte sie sich vom Aschenputtel zur Primadonna. Der Münchner Poet Herbert Schneider titulierte sie in einer Hymne die „Königin im Wurstrevier". Treffender kann man sie wohl nicht beschreiben.

Das Metzgerhandwerk im ganzen Freistaat, aber besonders die geschäftstüchtigen und um einen PR-Gag nie verlegenen Münchener Innenstadt-Wirte rund um den Alten Peter sowie Brauereien sorgten dafür, daß der Lekkerbissen in den vergangenen Jahrzehnten buchstäblich „in aller Munde" war und dies bis zum heutigen Tage ist.

Daraus entstand sogar eine eigene Kultur. Im Mittelpunkt dieser „ars vivendi des Brotzeitmachens" steht die Weißwurst, zumindest am Vormittag, aber auch in rauschenden Ball- und Faschingsnächten. Sie ist dabei aufs Engste mit dem bayerischen Grundnahrungsmittel Bier, den Brezn und dem Weißwurstsenf verbandelt.

Wien, Frankfurt oder Hamburg sind stolz auf ihre Würstel. So etwas gibt es in München und Bayern nicht. Da heißt der Plural von Wurst ganz simpel Würscht und im speziellen Fall somit auch Weißwürscht. So viel im Zeitalter der Rechtsschreibreform zur Erläuterung der

Primadonna Weißwurst

Schreibweise und den unsäglichen und immer wieder verwendeten „Weißwürstel“. Ein Wort, das jeden Bayern mit schierem Grausen erfüllt. Zur Not läßt er gerade noch „Weißwürste“ durchgehen.

Dieses Büchlein ist gedacht als Hommage an die Weißwurst. Es ergründet den Mythos dieser kulinarischen Spezialität und berichtet über die Jahrhunderte dauernde Evolution, die als Ergebnis die Weißwurst erbrachte, wie sie heute leibt und lebt und als bayerisches Aushängeschild weltweit in hohem Ansehen steht.

Das Buch soll auch zu einem eigenen bayerischen „Bewurstsein“ beitragen. Es gibt zudem Antwort auf die zwar nicht weltbedeutende, dennoch unterhalb des Weißwurst-Äquators eminent wichtige Frage: Wo kommt denn bloß die Weißwurst her?

Unser Dank gilt allen, die dazu beigetragen haben, dieses Buch zu realisieren. Ein besonderes „Vergelt's Gott“ sei Herbert Schneider gesagt für die Überlassung seiner „Hymne an die Weißwurst“.

Wir wünschen viel Freude und Unterhaltung beim Lesen.

Ebersberg, dem 11. 11. 1998

Peter M. Lill Ludwig Margraf

Die Weißwurst-Hymne

Der Münchner Schriftsteller und Mundartdichter Herbert Schneider, 1922 auf der Schwanthaler Höh' geboren und aufgewachsen, ein intimer Kenner bayerischen Brauchtums und weiß-blauer Gepflogenheiten, zu denen auch das Brotzeitmachen zählt, widmete der Weißwurst eine einzigartige Hymne. Der heute in Ebersberg wohnende Poet setzte ihr 1957 zum 100. Geburtstag in Versform ein literarisches Denkmal.

Was bemerkenswert ist: Zu einem plastischen Denkmal hat es das Aushängeschild bayerischer Wurstkunst bis zum heutigen Tage noch nirgendwo gebracht. Eigentlich schade.

Die Weißwurst-Hymne

Von Herbert Schneider

Du Königin im Wurstrevier,
du schön gekurvte Tellerzier,
laß dir den weißen Hermelin
von deinen zarten Schultern ziehn!

So zeigt sich erst Dein ganzer Charme.
Dein sanfter Atem fächelt warm.
Grün schimmert's durch (als wie am Nil),
dies Grüne, das ist Petersil.

Matt glänzt der makellose Leib,
O süßer Augenblick, verbleib!
Und heller jedes Auge blinkt,
sofern man jetzt vom Weißbier trinkt.

Mit Senf sei nun Dein Haupt geziert,
ein Riemisch Weckerl salutiert.
Zwei Grafen aus der Brezn Stamm,
die stehn als Adjutanten stramm!

Wer diese Krönung richtig schätzt,
wird selber gleich zum König jetzt.
Mit dem Bestecke der Natur
beginnt er schnellstens die Verzuhr!

Vier Bissen, darauf ein kleiner Schluck,
ein Loawi, das der Bäcker buk,
dann folgt die zweite Königin,
die dritte dampft im Haferl drin.

Ihr habt schon Könige geatzt,
das Königreich ist längst geplatzt.
Bei Euch platzt höchstens mal die Haut.
Ihr habt ein Säculum verdaut,

so wie auch euch ein Säculum.
Der Sänger widmet euch zum Ruhm
Dies Liedchen bis zum letzten Vers.
Ad multos annos – so, das wär's.

Das Bessere ist bekanntlich der größte Feind des Guten. Die letzten beiden Strophen bearbeitete Herbert Schneider in den folgenden Jahren ein wenig. Hier die neue Version:

Ihr habt schon Könige geatzt,
das Königreich ist längst geplatzt.
Bei Euch platzt höchstens mal die Haut.
Ihr habt der Zeiten Lauf verdaut.

So wie auch euch der Schmatzer Schar
Vom Urahn bis zum jungen Paar.
Drum, Weißwurst, laß aufs neu Dir schwör'n:
Wir haben Dich zum Fressen gern.

Die Entstehung der Weißwurst

Die Tugend der Not

Die Weißwurst verdankt ihre Entstehung weder dem Geniestreich eines Metzgers oder dem berühmten Zufall – sondern schlicht der Armut und der Not. Sie zwangen die Leute jahrhundertelang, aus allem das Beste, sprichwörtlich aus der Not eine Tugend, zu machen. Das galt insbesondere bei der Verarbeitung und Zubereitung von Lebensmitteln. Nicht anders war es bei der Weißwurst. Ihren Ursprung zu ergründen, setzt einen intensiven und ausführlichen Blick in die Vergangenheit voraus.

Im 15. oder 16. Jahrhundert besaß eine normale Bauernfamilie im bayerischen Voralpenland meist nur eine einzige Kuh, maximal zwei. Einer mit vier Wiederkäuern im Stall galt schon fast als Großbauer. Das Leben aller Ökonomen war karg und recht beschwerlich. Sie betrieben fast allesamt eine „Überlebenswirtschaft“ und mußten mit dem Ertrag ihres Bodens meist Frau, vier bis acht Kinder sowie bis zu vier Knechte durchbringen.

Mit heutigen gemästeten Kühen hatten die damaligen Artgenossen aussehensmäßig außer Kopf und vier Beine ziemlich wenig gemeinsam. Sie standen meist recht klapperdürr auf der Weide und schauten zum Steinerweichen und gottserbärmlich aus. Kaum ein Exemplar wog mehr als 250 Kilogramm. Da konnte schon man von weitem jedes T-Bone-Steak einzeln zählen. Das große Problem bestand überall darin, jeweils genügend Futter für die Tiere zu beschaffen. Besonders die Winterfütterung gestaltete sich äußerst schwierig. Eine Heu-Mißernte bedeutete somit schon allergrößte Not.

Die Kühe wurden jedoch kaum wegen ihres guten Fleisches gehalten, sondern fast ausschließlich der Milch wegen. Wie man heute weiß, deckt das Fett der Milch fast gänzlich den Fettbedarf einer gesamten Familie. Rahm, Butter und das länger haltbare Schmalz (ausgekochte Butter) – allein schon die Worte ließen die Menschen damals mit der Zunge schnalzen. Fett bedeutete für arme Leute Kraft, Reichtum und stand gleichbedeutend für ein sattes und gutes Leben.

Brachte eine Kuh ein Kalb zur Welt, so war diesem nur ein kurzes Dasein vergönnt. Es wurde meist schon nach vier oder fünf Wochen von der Mutterkuh weggenommen. Denn dieses Saugkalb soff ja der Bauernfamilie fröhlich die Milch weg und unterbrach nachhaltig die Ernährungskette, was eine existentielle Bedrohung darstellte. Nur wenige Kälber hatten das Glück, größer gezogen zu werden, bevor sie dann an Weihnachten oder an Kirchweih als heißbegehrter Festtagsbraten im Bratrohr landeten.

Schlegeln – eine bayerische Erfindung

Das Saugkalb wurde meist im Haus zum Eigenverbrauch geschlachtet. Ein Schlachtfest war das aber keinesfalls. Dafür hatte das Viecherl mit seinen windigen 40 oder 50 Pfund zu wenig zu bieten und praktisch nichts auf den Rippen. Das kaum vorhandene, weiche und geschmacksarme Fleisch wurde klein gewiegt, mit einem Holzhammer breiig geschlagen (geschlegelt) und anschließend mit Salz und Wasser auf einer großen Holzplatte verrührt, bis es eine feine Krem bildete. Diese Schlegel-Methode der Brätzubereitung ist übrigens nachweislich eine süddeut-

sche bzw. bayerische Erfindung, und auf ihr basiert das Grundrezept der Weißwurst-Zubereitung. Nach dem Mischen mit Muskelkraft entstand ein weißer Brei, der etwas länger haltbar war als ein ungeschlegeltes Brät, dennoch aber möglichst schnell verarbeitet werden mußte, wenn keine entsprechende Kühlung zur Verfügung stand. Kühlung bedeute nichts anderes als kaltes Wetter und ein offenes Fenster am Schlachthaus.

Da sich die Kalbsdärme zum Füllen nicht eigneten (sie wurden als Kutteln oder als „Kalbsgekröse“ verzehrt), wurde dieses Brät in kochendes Wasser gegeben, wo es zu einer leimigen Masse aufschwoll. Dieser helle Fleischbrei-Klumpen wurde dann aus dem Kessel herausgefischt, aufgeschnitten und verzehrt. Das Aufschwellen im Kessel gab diesem wurstähnlichen Gebilde in Bayern den Namen „Gschwollne“. Dahinter steckt nichts anderes als die Wollwurst, die heute noch angeboten wird.

Linkes Bild (Foto Heinz Gebhardt): Der 91jährige Metzgermeister Franz Balk (links) demonstrierte mit drei Gesellen die Technik des Schlegelns und erklärte, daß er so schon vor 75 Jahren Weißwürscht produziert hat.
Rechtes Bild (Foto Donisl): Interessiert verfolgten die Teilnehmer des Weißwurstkongresses, wie die Weißwürscht Form bekamen.

Manche Kälber landeten jedoch nicht im heimischen Kochtopf, sondern wurden dem Wirt im Ort verkauft. Der trachtete natürlich danach, seinen Gästen ein besonders wohlschmeckendes gekochtes Brät zum Frühstück oder Frühschoppen nach der Sonntagskirche zu servieren. Schließlich lebte er davon. Er bemühte sich auch nach Kräften, alles, was so ein Kalb hergab, zu verwenden. Irgendwann kamen nun die Wirtsmetzger darauf, das geschlegelte Kalbsbrät mit der weichgekochten, danach abgefieselten (abgeschabten) Kopfhaut und der Haut der sein Atelier und frönt hier ausgiebig dem Unruhestand, wie die Karikaturen dieses Buchs beweisen.

***

Matthias Töpfer, Jahrgang 1957, Sohn von Roland Töpfer, zeichnet für das Titelbild verantwortlich. Dort konnte er seine Fähigkeiten als brillanter Fotograf und Grafikdesigner wirkungsvoll einbringen. Der in Ebersberg ansässige Illustrator gilt als Virtuose am Computer und verdient damit die täglichen Semmeln für sich, seine Frau, Sohn und Tochter – und sein Motorrad.

***

Michael M. Lill, Jahrgang 1980, Sohn von Peter M. Lill, zeichnete das Weißwurst-Grafitti. Der Kaufmanns-Azubi und Hobby-Illustrator hat sich auf zeitgemäße Kunstformen wie Grafitti spezialisiert und im Auftrag von Firmen mit Talent diverse Räume künstlerisch ausgestaltet.

Füße des Kälbchens, alles schön kleingeschnitten, zu vermischen. Eine geniale Idee.

Dieses Häutelwerk, das zuvor nur Abfall war, besaß drei Vorteile. Zum einen verbesserte es den Nährwert des Bräts, zum anderen sorgte es für eine merkliche Geschmacksverbesserung, und letztendlich gab es der Kalbsmasse einen besonderen Biß und machte sie lockerer. Das Rezept sprach sich schnell herum und wurde dann auch bei den Hausschlachtungen angewendet.

Die erste Stufe der Evolution war somit gezündet worden. Zur Wurst fehlte ihr jedoch immer noch eines: die Haut.

Da sich die Kalbsdärme nicht eigneten, griff der Bauer oder Wirtsmetzger sehr schnell zu feinen Bockssaitlingen oder auch Därmen von Schafen, die es reichlich gab, und die sich hervorragend mit dem Brät füllen ließen. Damit konnte die Wurst auch ausgezeichnet gebraten oder gesotten werden. Das änderte jedoch nichts an der Tatsache, daß diese Kalbsbratwurst noch immer ziemlich „lätschert" schmeckte, also geschmacklich nicht gerade der große Hit war. Was dieser Wurst fehlte, war klar: das Fett.

Schweine – früher eine Rarität

Bekanntlich zeichnet sich Fett bei einer Wurst wie Alkohol beim Bier als ein exzellenter Geschmacksträger aus. Schweine hatten viel Fett. Doch kaum jemand besaß früher ein Borstenvieh. So ein rosafarbener Rüsselträger stellte fast schon eine absolute Rarität dar. Die Gründe dafür sind einleuchtend. Ein Schwein fraß wesentlich mehr als es nachher an Fleisch und Fett hergab. Das galt zumindest bis zum Anfang dieses Jahrhunderts. Im Jahr 1913 kostete demnach auch ein Pfund Schweinefleisch 95 Pfennig, das Kalbfleisch war dagegen schon für 80 Pfennige erhältlich, wie dies im Anzeigenteil der Münchner Zeitungen nachzulesen ist.

So konnten sich früher nur ganz wenige Leute ein Schwein halten und es fett mästen. Nur der Müller hatte vielleicht ein paar, die er von den Getreideabfällen füttern konnte. Ebenso hielten sich große Güter oder Klöster einige Schweine und fütterten sie mit den Küchenabfällen, die bei einer normalen Bauernfamilie gar nicht anfielen. Reichlich Schweine gab es dagegen in Niederbayern, das in Bayern eine Sonderstellung einnahm. Dort war die Erde fruchtbar und die Felder sehr ertragreich. Das ermöglichte den Bauern, ihre Schweine mit Feldfrüchten dick und fett zu mästen, damit diese reichlich Speck liefern konnten. Zudem besaßen die Schweine im Niederbayerischen eine sehr beachtliche Fleischqualität, das ein Pökeln und Räuchern ermöglichte. Kochwürste waren deshalb ziemlich unbekannt, da nicht lebensnotwendig. So entwickelte sich dort der Ausspruch: „das ist mit wurscht“ (das ist mir egal).

Schweinehaltung war im restlichen Bayernland für einfache Leute eigentlich nur möglich, wenn es eine Weide gab, wo die Tiere sich ihr Futter suchen konnten. Dies beschränkte sich vor allem auf Gegenden mit Eichenwäldern oder Buchenhainen. In Bayern waren dies insbesondere Regionen, die heute noch unter anderem mit dem Namen Schwaige in Verbindung stehen. Hier entwickelte sich die Kultur der feinen Brühwürste, zu denen auch die Weißwurst zählt.

Die Weißwurst als „Mettenwurst"

Das Schwein der Schweine war der „Weihnachter", der früher speziell für den 24. Dezember herangemästet wurde und der vor Fett nur so triefen mußte. Am heiligen Abend sprang er beim Metzger über die Klinge und stieß seinen letzten Grunzer aus. Ein Teil von ihm wurde zu feinen Blut- und Leberwürsten sowie Preßsack verwurschtelt. Bis nach der Christmette hatte der 24. Dezember den Status eines Fast- und Abstinenztages. So durfte nichts vom Kesselfleisch gegessen werden, und die Freude auf die „Mettenwürste" war um so größer. Später trat die Weißwurst an deren Stelle. Sie gehört bis zum heutigen Tag an Weihnachten in vielen Familien zur guten Tradition.

Im Laufe der Geschichte konnten sich auch immer mehr Wirte Schweine halten und mit Abfällen füttern. Irgendeinem dieser Spezies kam dann der Einfall, die Kalbsbrätlinge mit dem Rückenspeck des Schweins zu verfeinern. Diese neue Variation verschaffte der Weißwurst den Durchbruch zum begehrten Schmankerl. Reichlich Petersilie aus dem Garten, Zwiebeln, Zitronenschale und Gewürze folgten und perfektionierten sie. Diese Evolution dauerte bis zur Vollendung der Wurst Jahrhunderte.

Verantwortlich für den hohen Qualitätsstandard der Weißwurst zeichneten – schwarze Schafe ausgenommen – die Wirts- und die Schweinemetzger. Letztere entwikkelten sich im Laufe der Jahrzehnte zu einem höchst achtenswerten Berufsstand. Grundvoraussetzung dafür war, daß die Fortschritte in der Landwirtschaft auch das Halten von Schweinen erleichterte und die Zucht der gefräßigen Tiere rentabel werden ließ.

Münchner Frühstück: Eine alte Original-Radierung von L. Stiller

Neuer Berufszweig: Schweinemetzger

Das Angebot an Schweinen stieg unaufhörlich und machte schnell einen eigenen Berufszweig notwendig. Denn das Schlachten der Schweine setzte ein ganz neues Können und andere Techniken der Verarbeitung voraus. Der Metzger mußte dieses Fleisch schmackhaft machen, konservieren, pökeln und räuchern. Die weniger hochwertigen Teile des Schweins mußte er gekonnt zur Wurst verarbeiten können. Ein neues Metier entstand.

Den Schweinemetzgern war es sodann auch bald ausschließlich vorbehalten, Wurst herzustellen. Die Alt- und Jungmetzger, deren Zunft bis auf das 14. Jahrhundert zurückgeht und deren Zunftzeichen das Osterlamm ist (Symbol der Achtung vor der Kreatur), beschränkten sich fortan bei ihrer Arbeit auf das Schlachten von Rindern und Ochsen beziehungsweise Kälbern, kümmerten sich somit um die Versorgung der Bevölkerung mit Fleisch.

Der Name Metzger kommt übrigens nicht etwa, wie vielfach angenommen, von „meheln“ oder abmetzeln, sondern von der „Metzg“, einem Platz in München, auf dem es nach einer alten Marktordnung gestattet war, Fleisch zu verkaufen.

Die Weißwurst als unerschwingliches Vergnügen

Die Weißwürste genossen bei den Schweinemetzgern besondere Beachtung. Diese neue Wurst entwickelte sich zum begehrten und feinen Brotzeit-Schmankerl. Vor allem begehrt deshalb, weil sich nicht jeder Bürger welche leisten konnte. Die Wurst aus Schweine- und Kalbfleisch war zu teuer, kein alltäglicher Genuß und meist nur den reicheren Leuten, Zinshausbesitzern oder Fabrikanten vorbehalten. Die Weißwurst war somit schon immer etwas Besonderes.

Um die Gelüste der „einfacheren" Bevölkerung zu befriedigen, stellten die Schweinemetzger eine der Weißwurst ähnliche Wurst her, die sogenannte „Stockwurst". Sie wurde aus Rinderbrät hergestellt und in Rindsdärme abgefüllt und stand am Beginn und in der Mitte des 20. Jahrhunderts der Weißwurst an Beliebtheit in nichts nach. Stockwürscht waren die Weißwürscht der ärmeren Leute, weil für jeden preislich erschwinglich.

Die Weißwurst im Kreuzfeuer Intellektueller

Es gab aber auch Kritiker der Weißwurst, wie der von einer Haßliebe zu München erfüllte Literat Josef Ruederer, der gerne von den „Weißwurst-Philistern" sprach und „großkopferte Spießbürger" damit meinte. Der Schwabinger Ernst von Wollzogen textete um die Jahrhundertwende ein hübsches Faschingsgedicht, wo er ebenfalls die Weißwurst im schlechten Licht erscheinen läßt. Er läßt einen Domino singen:

„Trifft's mi und i wär a Gschwollne,
aus der eigenen Haut Gequollne,
die vor Fettsucht schnauft und dampft,
und zwei Dutzend Weißwürscht bampft,
nachher bitt'schön bringts mi um –
Dulieh – i geb nix drum!"

Schwabinger Intellektuelle konnten mit den bürgerlichen Innenstädtlern und ihren Eßgewohnheiten, zu denen die Weißwurst-Brotzeit zählte, nie so richtig etwas anfangen. Heute genießt die Weißwurst längst einen Status, der alle an einen Tisch bringt.

Der ungebremste Aufstieg der Weißwurst von einer begehrten, aber doch großbürgerlichen Wurst zur Primadonna unter den Würsten begann dann Ende der Zwanziger Jahre. In Bayern verdrängten die Leute die Schrecken des ersten Weltkrieges, die Wirtschaft faßte Tritt, bescheidener Wohlstand breitete sich aus, Hunger spielte kaum mehr eine Rolle. Die Leute wollten wieder lustig sein, sich ausleben.

Die Faschingsbälle in den Hochburgen nahmen ungeahnte Dimensionen an, zählten zu den großen gesellschaftlichen Ereignissen in der Landeshauptstadt. Rauschende Feste und Ballnächte wurden gefeiert. Der Smoking und der „Gehsthintre" (Gehrock, Schwalbenschwanz) dominierten bei den Herren, die Damen übertrafen sich in ausgefallenen Abendkleidern. Ganz München tanzte, „tout Munique" war dabei.

Weißwurst als Stärkung im Fasching

Um Mitternacht stand einem jeden der Sinn nach Stärkung. Im Deutschen Theater in der Schwanthaler Straße zum Beispiel traf man sich bei den Bällen in den Kellergewölben, wo der Wirt kesselfrische Weißwürscht anbot. Die Tanzgemeinde genoß sie mit einem kühlen Bier und reschen Brezn, erholte sich dabei und war danach bestens für weitere Taten gerüstet. Ab Anfang der Dreißiger Jah-

Die Weißwurst gehört zum Fasching wie der Hering zum Aschermittwoch.

Münchner Faschingstollitäten der 60er Jahre feiern standesgemäß mit Weißwurst.

re hieß der Keller dann nur noch „der Weißwurstkeller", und diesen Namen trägt er bis zum heutigen Tag.

Gestärkt mit Weißwürscht wurde der Rest der Nacht

durchtanzt, gefeiert, gelacht und geliebt. Manche Unverwüstliche gingen aber auch erst am frühen Morgen zum Weißwurstessen, um nach durchzechter Nacht wieder halbwegs auf die Beine zu kommen. Die Weißwurst war – abgesehen von ausgewachsenen Katern nach solchen Festivitäten – somit meist verbunden und positiv behaftet mit den allerbesten Erinnerungen an wunderschöne Stunden und manchmal auch an noch schönere Frauen. Sie legte dort die Basis für ihren unnachahmlichen gesellschaftlichen Aufstieg.

Die Weißwurst machte weiter unaufhaltsam Karriere. Dafür sorgten die bayerischen Metzger und insbesondere die Münchner Innenstadtwirte mit dem Schwerpunkt rund ums „Tal". Auch die Brauereien halfen kräftig mit, das Image der Wurstdelikatesse weiter zu fördern. Nicht ganz uneigennützig, denn der ausgiebige und exzessive Weißwurstverzehr kurbelte auch den Bierumsatz mächtig an.

Nach dem zweiten Weltkrieg war die Weißwurst schnell wieder begehrt wie eh und je. Bald wurden wieder Faschingsbälle und große Feste gefeiert. Sie halfen mit, den Status der Weißwurst zu erneuern und weiter zu zementieren. Kaum ein ausländischer Gast kam nach Bayern, der nicht zu einem Weißwurstessen eingeladen wurde. Die Weißwurst erreichte da oft sogar einen diplomatischen und völkerverbindenden Status. Pressekonferenzen wurden sehr gerne mit einem Weißwurstfrühstück verbunden. Eine Einladung zum Weißwurstessen oder einer Weißwurst-Brotzeit stand weiter hoch im Rang, etwas ganz Besonderes zu sein. Da ging man hin. Da wußte jeder, wo er dran war.

Und die Legende von und mit dem Moser Sepp wurde ausgegraben, immer wieder gerne erzählt, und sie verbreitete sich übers ganze Land, ja über die ganze Welt.

Die Legende vom Moser Sepp

Es gibt Geschichten, die sind so gut, daß man sie erfinden müßte, wenn es sie nicht schon gäbe. „Nichts Genaues weiß man nicht“, aber die sagenhafte Legende um den Bierwirt Moser Sepp, der am Faschingssonntag, dem 22. Februar anno 1857 in Gasthof „Zum Ewigen Licht“ am Münchner Marienplatz per Zufall die Weißwurst erfunden haben soll, gehört sicherlich zu dieser Kategorie.

Das Gasthaus vis-à-vis vom Rathaus zählte in der damaligen Zeit neben dem „Grünen Baum“ zu den bekanntesten Münchner Wirtschaften. Seinen doch etwas eigenwilligen Namen hatte es aufgrund einer besonderen Beschaffenheit erhalten. Die Wirtsräume unter den Bögen der damaligen Fassade lagen weit hinten im Dunkeln und waren so finster und vom Rauch geschwärzt, daß dort Tag und Nacht das Licht brennen mußte, damit man wenigstens halbwegs etwas sehen konnte.

Etwas im Dunkeln liegt auch das Geschehen, das sich an diesem legendären Faschingssonntag im vergangenen Jahrhundert ereignet haben soll. Es könnte so passiert sein und wurde auf diese oder ähnliche Weise auch im Laufe der Jahrzehnte immer wieder erzählt und geschrieben. Wenn auch immer ziemlich ohne Gewähr.

Der Moser Sepp war schon früh am Morgen in seine Wirtschaft gekommen, hatte in der Küche den Ofen angeheizt und Wasser aufgesetzt. Dann machte er sich daran, die bekannten und allseits beliebten Kalbsbratwürstel zu fabrizieren. Am Faschingssonntag lief das Geschäft immer besonders gut. Die Gäste hatten sich auf Faschingsbällen amü-

Nach der 125-Jahr-Feier wurde die Jahreszahl auf dem Wirtsschild alljährlich aktualisiert. (Foto Heinz Gebhardt)

siert. Nach durchzechter Nacht brachten die dann einen besonders großen Durst mit und sie gierten geradezu danach, auch etwas Handfestes zum Essen zu bekommen. Also legte sich der Wirt mächtig ins Zeug, ließ munter den Schlegel fliegen, zerkleinerte damit das Fleisch und rührte anschließend kräftig das Brät an.

Während er in der Küche fleißig werkelte, hatte sich die Wirtschaft inzwischen schon gut mit Frühschoppengästen gefüllt und die ersten Bestellungen für die Bratwürscht liefen ein. Der Moser wollte das Brät nun in die Wursthaut füllen und erstarrte. Sakradi! Die dünnen, für Kalbbratwürscht gebräuchlichen Schafssaitlinge waren ausgegangen. Eine Katastrophe drohte. Der Moser schaute weiter fluchend überall nach und fand nur noch dickkalibrige Schweinedärme.

Was tun? Da kam dem Wirt die rettende Idee, die Geschichte machen sollte. Er füllte das Kalbsbrät kurzerhand in den Schweinedarm, drehte die Würste Stück für Stück ab und warf sie ins heiße Wasser zum Abbrühen. Auf das Anbraten wie bei den Kalbsbratwürsten verzichtete er vorsichtshalber. Man weiß ja nie, bei den feinen Schweinssaitlingen.

Recht skeptisch servierte dann der Moser Sepp seinen Gästen die dicken Kalbswürste in einer Terrine und wartete gespannt auf die Reaktion. Sie fiel nach dem zunächst doch etwas vorsichtigen Verzehr (Was der Bauer nicht kennt . . .) überwältigend aus. „Pfennigguat, Sepp! Phantastisch! So was Feins," lobten die Frühschoppler Sepp Mosers neueste Brotzeitkreation. Sie waren so unversehens Zeitzeugen einer Sternstunde am Wursthimmel geworden. Wie so oft im richtigen Leben und besonders bei tiefgreifenden Weltereignissen hatte der Zufall Regie gespielt und die Weißwurst das Licht der Welt erblickt. Ein echtes Sonntagskind, sogar ein Faschings-Sonntagskind noch dazu.

Der Moser Sepp blieb nicht auf seinen neuesten Meriten

sitzen, sondern machte sich im Laufe der Zeit daran, die Wurst immer weiter zu verfeinern. Von einem Apotheker erhielt er den Tip, doch etwas Petersilie dem Brät beizugeben, das würde für eine frischere Farbe sorgen. Später kam noch Zitronenschale dazu, die einen frischen Geschmack ins Brät brachte und die Weißwurst noch besser schmecken ließ. Das Häutelwerk perfektionierte letztendlich die Weißwurst.

Wurstküchen-Nebel

So weit die Legende. Mosern wir nicht darüber, ob sie stimmt oder nicht, denn sie stimmt sicher nicht, aber das macht nichts. Dagegen spricht vor allem die Tatsache, daß der gute Moser Sepp als Bierwirt in seinem Gasthaus lediglich Bier ausschenken durfte. Das Wurstmachen war nur den Wirts- und Schweinemetzgern erlaubt und amtlich vorbehalten. Zudem ergaben Recherchen des Hausbesitzers, daß auch das Datum nicht ganz stimmen kann. Der Moser Sepp trat erst 1860 seine Stellung als Wirt zum „Ewigen Licht" an.

Sei's drum. Auf alle Fälle trug dieses rührselige Wurstkesselstück zum weltweiten Ruf der Weißwurst entscheidend bei und sorgte dafür, den Mythos über die Königin unter den Würsten erblühen zu lassen. Ohne Moser wäre diese Wurst nicht zum Kult und auch nicht zu einem Teil der bayerischen Kultur geworden.

Wer diese Legende erfunden hat, liegt weiterhin im Wurstküchen-Nebel, wahrscheinlich auch ganz im Dunstkreis eines ziemlich ausgebufften und geschäftstüchtigen Innenstadtwirtes. Die besaßen ja einen ausgeprägten Sinn für werbewirksame Aktionen der besonderen Art und ihren eigenen Ruf. Erstaunlich ist es somit nicht, daß die

Geschichte – rein zufällig – in Umlauf kam, als im Dezember 1935 die Wirtschaft umgebaut wurde und wieder unter dem Namen „Zum Ewigen Licht“ eröffnete, nachdem sie seit der Jahrhundertwende unter dem Namen „Zum Peterhof“ firmiert hatte. Da drängte sich die Verbreitung einer so schönen Legende fast schon auf, um damit die Werbetrommel für die neue Restauration mit altem Namen ein wenig zu rühren, damit sich dort wieder richtig was rührte.

An die Fassade des Hauses am Marienplatz kam später ein Ausleger, der dem hochverehrten Publikum, das aus aller Welt anreiste, verkündete, daß in diesem Gasthof die Weißwurst erfunden worden sei. Die Jahreszahl wurde jedes Jahr in der Faschingszeit per Hand aktualisiert. Das half, um immer im Gespräch zu bleiben, was ja auch zum Wohle der Weißwurst geschah. Nur darum ging es.

Von der Weißwurst-Heldentat des Moser Sepp war die Gasthausbesitzerin, die Hacker-Pschorr Brauerei, so angetan, daß sie sogar eine eigene Statue von dem legendären Wirt anfertigen ließ. Sie fand im Wirtsraum einen gebührenden Ehrenplatz und viel Bewunderung bei Japanern, US-Cowboys und all den anderen Gästen aus aller Welt.

Gründlich umgebaut

Heute steht der bronzene Moser Sepp traurig und eingestaubt und verlassen irgendwo in einem dunklen Abstellkämmerlein und beklagt bitterlich sein Schicksal. Denn ein solches hat er sicher auch dann nicht verdient, selbst wenn er niemals gelebt haben sollte.

Der Moser Sepp war ein Opfer der neuen Zeit geworden. Nach dem Krieg hieß das Wirtshaus wieder „Zum

Vor hundert Jahren ging's in den Münchner Wirtschaften noch besonders gemütlich zu.

Peterhof" und wurde mehrfach umgebaut. 1996 kam das Ende für das gastronomische Unternehmen. Es wurde so gründlich umgebaut, daß es den Peterhof plötzlich nicht mehr gab. Still und heimlich war eine Kultstätte geschliffen worden, ein legendärer Ort war in München von der Bildfläche verschwunden. Einfach so. Es gab keinerlei Protest. Weder von den eingefleischten Weißwurstanhängern, Brotzeitmachern und Frühschoppen-Spezis, noch von den Zeitungen. Niemand regte sich auf, niemand lief Sturm.

Wo früher Weißwürscht genossen wurden und der Bierhahn glühte, verkauft der Hugendubel heute Bücher. Hoffentlich auch reichlich über den Mythos der Weißwurst, der in diesen Mauern ihren Anfang genommen haben soll.

Das erste Weißwurstrezept

Wie vom Donner gerührt verließen 1993 die Besucher des Münchner Stadtmuseums die Ausstellung „Die anständige Lust". Diese überragende Exposition befaßte sich mit der Kulturgeschichte des Essens, und da durfte die Weißwurst natürlich nicht fehlen. Nach dem Besuch war vielen jedoch die Lust daran zunächst einmal vergangen.

Die Ausstellung erwies sich als gnadenloser Dolchstoß gegen die weitverbreitete Meinung, die Weißwurst sei eine rein Münchnerische, zumindest aber bayerische Erfindung. Der Kulturhistoriker Hans Ottomayer wies da am Jakobsplatz in fast schon kriminalistischer Form nach, daß die Weißwurst seit Menschengedenken einen gesamteuropäischen Charakter hatte. Sie galt bereits vor einigen Jahrhunderten in vielen Nachbarländern Deutschlands und Bayerns als traditionelles Essen am Heiligen Abend. Wer hätte das gedacht?

Ähnlich verhält es sich auch mit dem ersten Rezept über die Weißwurst. Es wurde keineswegs im besten Metzger-Bayerisch gedruckt sondern in französischer Sprache und das bereits in 14. Jahrhundert. Nachzulesen ist die älteste bisher gefundene Rezeptur in dem französischen Kochklassiker „Menagier de Paris". Dort wird eine Wurst namens „Boudin" beschrieben, die in ihrer Zusammensetzung sehr stark der Weißwurst ähnelt. Das Brät der Boudin bestand aus Kalbfleisch, Häutelwerk, Zitronenschale, Petersilie und der Macis-Blüte. Lediglich Nackenspeck und Schweinefleisch fehlten im Vergleich zu dem heutigen Leckerbissen bayerischer Provenienz.

Rezept im Kopf

Nun ist es aber nicht so, daß es im 14. Jahrhundert in Bayern keine Weißwürscht gegeben hat, weil bislang aus der damaligen Zeit keine schriftlichen Aufzeichnungen mit einem entsprechenden Rezept gefunden worden sind. Wahrscheinlich waren die Ur-Bajuwaren so schlau und hatten so viel Hirnschmalz, daß sie keine Notwendigkeit sahen, sich das Rezept zur Weißwurstherstellung aufzuschreiben. Die kannten es ganz einfach auswendig und hatten es im Kopf. Gute Sachen wie Rezepte hielt man damals wie heute eben geheim. Sie wurden vom Großvater auf den Vater, und von dem auf den Sohn undsoweiter frühestens auf dem Totenbett verraten. Das ist eine bekannte Tatsache.

Karl Wanninger, der ehemalige Chefredakteur der Münchner Boulevardzeitung tz, galt zu seinen Lebzeiten als einer der besten Kenner der Münchner Gastrokulturszene. Der Hobbykoch und Mitglied der internationalen Köchevereinigung „Chaine des rotisseurs" hatte sich ebenfalls viel Mühe gemacht und nachgeforscht, um das Geheimnis der Herkunft der ersten Weißwurst zu lüften. Doch auch der Münchner suchte vergebens nach einem entsprechenden Rezept. In einem Beitrag schrieb Wanninger, daß nicht einmal der bekannte Wurstexperte Erich Lissner in seiner „Wurstologia" etwas von und über die Weißwurst veröffentlicht hatte. Und dieser „Schinken" galt quasi als eine Art Bibel für die deutschsprachige Wurstherstellung.

Selbstverständlich hatten sich auch die Gralshüter allen bayerischen Wursttums, der Fleischerverband Bayern, auf die Spurensuche begeben. Wobei zunächst einmal eigentlich die Frage geklärt werden müßte, warum die Vertretung bayerischer Metzger mit dem norddeutschen Terminus „Fleischerverband“ firmiert.

Die Nachforschung bis ins tiefste Mittelalter brachte dem Verband kein brauchbares und vorzeigbares Ergebnis. Erst im 20. Jahrhundert wurden ihre Weißwurst-Sherlok-Holmes fündig. In einem Sonderdruck „Der Wurstfabrikant“ aus dem Jahre 1904 stießen sie auf ein Rezept „Münchner Bratwürste“.

Vom frisch geschlachteten, noch warmen Kalbfleisch werden 12 Pfund gut geschlegelt (geschlagen) und fein gewiegt mit etwas Salz und Salpeter. Dann wird das Fleisch mit drei Liter Wasser abgerührt und acht Stunden stehen gelassen. Danach werden sechs Pfund Schweinefleisch, welche vorher mit dem Speck, doch ohne Schwarte, fein gewiegt sind, mit der abgeriebenen Schale einer halben Zitrone, geriebener Muskatnuß und einem Knoblauchzeh verrieben. Sechs Eier und Semmelbrösel folgen. Das Brät wird in Schafsdärme gefüllt. Vor dem Gebrauch werden die Würste zwei Minuten in heißes Wasser gelegt und dann in der Pfanne oder auf dem Rost gelb gebraten.

Dieses Rezept entspricht sicher nicht dem der Weißwurst, doch die Ingredienzen kommen der Basismasse schon sehr nahe. Grundsätzlich handelt es sich aber um eine Brat- und nicht um eine Kochwurst.

Ältestes deutsches Weißwurstrezept von 1910

Einen Volltreffer landeten die Rechercheure der bayerischen Metzgerinnungen in dem alten Buch „Das deutsche Fleischergewerbe" aus dem Jahr 1910. Dort stießen sie auf Seite 819 zum einen auf das Basisrezept „Münchner Bratwurst" und „Münchner Bockwürstchen".

Münchner Bratwurst

„Zur echten Münchner Bratwurst stellt man sich das Brät vom warmen Kalbfleisch in geschlegelter Weise her. Wenn man das gebratene Kalbsbrät am nachfolgenden Tage zur Bratwurst verarbeiten will, so gibt man auf vier Teile Kalbsbrät ein Teil geklopften, frischen, nicht gesalzenen Speck sowie Zitronenschale und etwas weißen Pfeffer dazu. Das flaumig hergerichtete Brät wird in mittelweite, weiße Bocksaitlinge gefüllt und die Würste dann paarweise abgedreht. Die Würste sollen mindestens zwei Stunden nach der Herstellung verzehrt sein. Diese Würste werden in reinem, frischen und heißen Wasser gebrüht und müssen fertig gebrüht so weiß aussehen wie gekochtes Hühnerfleisch."

Interessant: Hier handelt es sich erstmals um eine „Bratwurst", die nicht gebraten serviert wurde, sondern gebrüht.

„Münchner Bockwürstchen“

„Von vorgenannter Brätmasse nehme man 8 Pfund und gebe zwei Kalbsfüße und zwei Kalbsbeine, welche am Tage vorher recht weich abgekocht und entknöchelt sind, durch die feine Scheibe des Wolfes gelassen, hinzu, ebenfalls eine Handvoll gehackte Petersilie. Die Masse wird nun gut gemengt und in weite Saitlinge eingefüllt und in kleine, längliche Würstchen abgedreht. Abgekocht gelten selbige als eine Delikatesse bei den Münchner Bockbierfesten.“

Der alte Grieche würde jetzt „Heureka!“ (ich hab's gefunden) rufen und ein Dankgebet an Zeus loslassen. Die Kombination der beiden Rezepte ergibt die Münchner Weißwurst, gar keine Frage. Auch wenn der Name irritiert. Die bayerische Fleischerverband mutmaßte, daß der Autor des Rezeptes wohl nicht aus Bayern stammte und er die Würste deshalb „Bockwürstchen“ nannte. Doch der Name hat ganz eindeutig auch mit den Bockbierfesten zu tun. Dort stärkte man sich zwischen Trinken und Tanzen mit einer ausgiebigen Wurstmahlzeit, um danach noch mehr trinken oder dem Vorstadt-Zenzerl beim Tanzen noch tiefer ins ausladende Dekolleté blicken zu können.

1907 schaltete der „Löwenbräukeller“ in einer Münchner Zeitung eine Anzeige, lud zum Bockbierfest ein und pries dabei seine ausgezeichneten „Benno- und Schweinswürstl“ an. Von einer Weißwurst war damals noch nirgendwo die Rede. Die wurde erst viel später eine Werbelokomotive, im Laufe der Jahre sogar ein ganzer Werbe-ICE.

Am 22. Februar 1932 fand diesbezüglich die Premiere statt. Erstmals lasen die Münchner eine Anzeige, in der für Weißwürscht geworben wurde. So lockte der Pschorr-Bräu zu seinem Animatorfest mit „Prima Weiß- und Bratwürste“. Der Löwenbräukeller schaltete in der gleichen Ausgabe eine Anzeige und warb für seine „echt altmünchnerische Weiß- und Bratwürste.“

Bis nach dem Krieg mußte man die Kochbücher durchforsten, um das erste Rezept zu finden, über dem klar und deutlich der Titel „Münchner Weißwurst“ stand. Der Fleischerverband wurde hier nicht in einem deutschen, sondern – man höre und staune – in einer Schweizer Publikation fündig. 1950 brachte der Verlag Metzgerpersonal-Verband der Schweiz, Zürich, ein „Handbuch für die Wursterei“ heraus. Dort prangt auf Seite 95 ganz oben: Münchner Weißwurst. Darunter steht das Rezept, wie es heute noch angewendet wird.

100 Jahre Weißwurst

Der Weißwurst-kongreß 1957

Die Weißwurst erblickte bekanntlich nach der Moserschen Version in den frühen Morgenstunden des Faschingssonntags das jahreszeitlich bedingt noch ziemlich trübe Licht der Welt. Der Tatsache, daß es der Faschingssonntag war, räumte man eigentlich immer schon eine größere Bedeutung ein als dem Geburtsdatum der Weißwurst selbst, dem 22. Februar 1857. Beim 100. Geburtstag war jedoch plötzlich alles ganz anders. 1954 fiel der Faschingssonntag auf den 3. März, das runde Jubiläum von Münchens berühmtesten Schmankerl wurde jedoch erst eine Woche später, am 10. März, dem ersten Fastensonntag, gefeiert.

Münchens Weißwurstmetzger und vor allem der Landesverband des Bayerischen Hotel- und Gaststättengewerbes hatten zuvor lautstark für den Faschingssonntag plädiert. Doch da legten sich die Innenstadtwirte mit ihrer ganzen Leibesfülle und ihrem Einfluß quer. Die sahen sich in diesem Jahr außerstande, neben dem Faschingsrummel auch noch die Weißwurst gebührend hochleben zu lassen und den runden Geburtstag entsprechend zu begehen. Nach längerer Verhandlung kam man schließlich zu der Entscheidung, den 10. März zum Jubiläumstag zu erklären. Der Sonntag zwischen Fasching und dem Starkbierbeginn sollte auch künftig jedes Jahr als „Weißwursttag" von allen Münchner Wirten gefeiert werden. Was längst in Vergessenheit geraten ist.

Am 10. März 1957 war es dann so weit. In der Realen Bierwirtschaft „Zum Donisl" fand sozusagen als Geburts-

Die Münchner Wirte zeigten ein Herz für Alte und Bedürftige und luden sie zum Weißwurst-Essen ein.

tagsfeier der erste Weißwurst-Kongreß auf diesem Globus statt. Was den passionierten Brotzeitmacher der Innenstadt auch etwas verwunderte. Schließlich galt der Peterhof am Marienplatz ja als legitimer Nachfolger der proklamierten Weißwurst-Geburtsstätte „Zum Ewigen Licht“. Dort baute man jedoch gerade wieder mal um, und so fiel dem „Donisl“ die Ehre zu, das Jubiläum entsprechend auszurichten. Was keine schlechte Adresse war. Schließlich galt das Gasthaus im Schatten des Münchner Rathauses als eine traditionsreiche Hochburg des Weißwurstverzehrs. Im Jahr 1911 – so wird berichtet – wurden am Faschingsdienstag dort nicht weniger als 13 890 Weißwürscht gegessen.

Im Donisl wird gefeiert

Trachtenjanker und Lederhosen bestimmten das Bild auf der Geburtstagversammlung beim „Donisl“, der „drangvoll und bis auf den letzten Platz“ besetzt war, wie Berichterstatter damals zu Papier brachten. Auch wenn es schon nicht mehr Fasching war, lustig und auch ein wenig bierernst ging es trotzdem zu und die Weißwurst wurde ab und an auch richtig „dableckt“ (hintergründig auf die Schippe genommen). So wie heute die Politiker beim traditionellen Salvatoranstich auf dem Nockherberg.

Franz Hiebl, dem legendären Wirt des Hauses, fiel die Ehre zu, die Gäste zu begrüßen. Wortreich und ausführlich sprach er von der Weißwurst und dem Bier als wahre Sinnbilder der Münchner Gemütlichkeit. Dann bat er die Festkorona, die Weißwurst gebührend zu würdigen und ihr zu salutieren. Das Jubiläumsvolk erhob sich so aufgefordert zu Ehren der an der Galerie im Portrait ausgestellten Weißwurst von den Sitzen und machte ihr seine Aufwartung. „Wer einen Stehplatz hatte, blieb stehen“ berichtete ein Chronist mit treffsicherem Humor.

Der Leiter des Weißwurstkongresses, Michl Ehbauer, ging als Zweiter ans Rednerpult und hieß nachfolgend die lieben Gäste, die lieben Mitmenschen und die Preußen willkommen. Er dankte dafür, daß die Bevölkerung dem internationalen Rufe von Feldmoching bis Solln mit ihrem Kommen brav Folge geleistet habe, um hier Augenzeuge des physikalischen Wunders zu werden, wie Wasser mit dem Messer geschnitten werden könne.

Er bedauerte zudem beredten Wortes, daß in den Zeitungen vor 100 Jahren wohl über das Rubensfest, die Vollendung der Großhesseloher Brücke und die Eröffnung der Eisenbahn nach Starnberg, nichts jedoch über die epochemachende Tat eines Sepp Moser zu lesen gewesen sei. Die Münchner Weißwurst gäbe es heute schließlich in der ganzen Welt, sogar in Rio de Janeiro. Jawoll.

Zehn Redner stellten sich nacheinander hinter das weißblaue Podium. Als „halbe Jubiläums-Weißwurst“ fühlte sich gar mit seinen 50 Jahren der Obermeister der Münchner Innung, Michl Höck. Er parlierte im besten Fachchinesisch von der Weißwurst in vielen chemischen Formeln, von denen die zahlreich versammelten Zeitungsjournalisten immer nur eine, nämlich H_2O, notiert hatten und dies dann auch so veröffentlichten. Direktor Meindl von der Metzgerschule referierte anschließend über die „Kunst des Wurstens“ und brachte den sechs ihn umkreisenden Metzgerlehrlingen „die große Verantwortung bei der Herstellung der Weißwurst“ zum Bewußtsein. Vor allem beim Betätigen des Wasserhahnes ...

Ein Wirtsmetzger sorgte für einen ungeahnten Heiterkeitserfolg. Er beantwortete die Preisfrage, warum es in Afrika keine Weißwurst gibt, mit der nachvollziehbaren und naheliegenden Erklärung: „Die ham ja koa Wasser.“ Der Vorsitzende der Münchner Wirte, Franz Stahlmann, wehrte sich postwendend gegen alle heimtückischen und hinterlistigen Versuche, das Jubiläumskind zu einer gemeinen weißen Bockwurst zu degradieren und erhielt dafür viel Beifall.

Besonders eindrucksvoll und drastisch schilderte der Direktor der Staatlich-chemischen Untersuchungsanstalt, Dr. Lindner, das Innenleben der Jubiläumswurst. Er sagte der aufmerksamen Hörerschaft im Saal wortwörtlich: „Das Wasser ist nicht das Beste an der Weißwurst, auch nicht das Wichtigste, jedoch das Meiste.“ Ein besonders bemerkenswertes Datum für die Weißwurst sei deshalb das Jahr 1882 gewesen, in dem die Mangfall-Wasserleitung bis München geführt worden sei.

Im Bier ist mehr Wasser als in der Weißwurst

Als Hausherr vom „Donisl“ nahm Direktor Walther Pschorr die Weißwurst anschließend vehement in Schutz und versicherte nach allen Seiten, daß das Bier noch wesentlich mehr Wasser enthalte als das an diesem Tage zu feiernde Münchner Schmankerl. Was alle Teilnehmer des Kongresses sofort einsahen und mit einem kennerhaften und wissenden Nicken unterstrichen.

Ein Krenweiberl gab seinen Senf über den süßen Senf drein, ein Bäcker erinnerte an die leider immer seltener gewordenen Riemischen, reschen Brezn, Maurerloabe und Pfennigmuckeln und ein gewisser Gustl Feldmeier wunderte sich als Verbraucher über die unterschiedliche Qualität der Weißwurst.

Dann kam der große Auftritt des Franz Balk. Der 91jährige Metzgermeister aus dem Bayerischen Wald betrat mit einem spektakulären Klimmzug die Bühne, was mit großem Applaus und einem bewunderndem „Is der noch guad beinand“ bedacht wurde. Danach demonstrierte er den staunenden Gästen, wie er vor 75 Jahren hier an dieser Stelle Weißwürscht gemacht habe. „Ganz ohne Maschinen und Apparate“ versicherte Balk glaubwürdig und ließ mit drei Gesellen, die nach alter Tradition gewandet und mit seltsam anmutenden schwarzen Kappen ausgerüstet waren, die Hämmer fliegen. Damit wurde das Fleisch geschlegelt, auf gut Münchnerisch „zerbaazt“. Wie später in der Zeitung zu lesen war, nahmen es dabei Landtagsabgeordnete und Präsidenten „von der spaßigen Seite“, daß ihnen beim Bratschlagen einige gut durchwachsene Fleischbrocken auf die „Platt’n“ (Glatze) und den Sonntagsanzug spritzten.

Standesgemäß fuhr man zum hundertjährigen Jubiläum der Weißwurst mit dem Schimmel vor.

Michl Ehbauer schuf sich viele Freunde, indem er nach jedem Redner aus Podium trat und das Vorgetragene noch einmal ausführlich wiederholte. Er gab darüber hinaus den täglichen Konsum an Weißwürsten in der Landeshauptstadt mit „Stücka 45 000“ an und verwahrte sich in verschärfter Form gegen jegliche Art der um sich greifenden Weißwurst-Wettesserei. Dem anzapfenden Oberbürgermeister Thomas Wimmer legte er anschließend ans Herz, er möge doch in Zukunft die erste Weißwurst des Tages auszuzzeln und die besonders wasserhaltigen austrinken.

Dann wurde es feierlich beim „Donisl“. Der Ehrenpräsident des Weißwurstkongresses, Direktor Hans Pfülf, überreichte dem Hausherrn eine Ehrenurkunde, in der eine Entschließung alle Münchner feierlich verpflichtet, die Weißwursttradition hochzuhalten, gleichgültig was da noch kommen möge. Mit ein paar weiteren Maß Bier wurde dieses Gelöbnis dann bekräftigt, und der erste Weißwurst-Kongreß der Welt damit als für beendet erklärt.

Zweiter Weißwurst-Kongreß im Jahr 2057

Zuvor bestimmten die Teilnehmer aber noch kurzfristig, daß der zweite Weißwurst-Kongreß erst in einhundert Jahren, am 22. Februar 2057, pünktlich um 9 Uhr, stattfinden solle. Alle Münchner seien schon jetzt dazu herzlich eingeladen.

Doch nicht nur im Donisl stand an diesem Tag die Weißwurst im Mittelpunkt. Auch die anderen Münchner Wirte feierten mit ihren Stammgästen das Jubiläum kräftig mit. Sie zeigten dabei ein Herz auch für diejenigen, denen es zu dieser Zeit nicht so gut ging. Ein Wesenszug, der bis heute auf viele Innenstadtwirte zutrifft. So saßen im Hofbräuhaus beim Franzl Trimborn 125 freigehaltene evakuierte Münchner von den Jubiläumswürsten, die Peter Zeiler, Vater der Hofbräuhauswirtin, zur frühen Morgenstunde fach- und sachgerecht zubereitet hatte.

Im Löwenbräukeller waren auf Einladung von Xaver Heilmannseder 500 alte Leute, meistens Rentner, zu einem ausgedehnten Weißwurst-Frühschoppen erschienen. Auch im Lokal „Beim Spöckmeier" griffen zwanzig arme Münchner zu den dargebotenen Weißwürsten, wie die Zeitungen damals lobend erwähnten. Anton Heigl, Inhaber des „Bratwurstherzl" bewies sein gutes Münchner Herz, indem er 500 Weißwürscht ins Münchner Bürgerheim schickte. Die wurden dort dankbar und mit Begeisterung angenommen.

Die „Lex Weißwurstiana Monachiae", die alle Münchner verpflichtet, die Weißwurst in Ehren zu halten, wird respektvoll studiert.

Selbst der Bayerische Landtag feierte gebührend mit einem Weißwurstessen in seiner Landtags-Gaststätte den runden Geburtstag der Weißwurst. Als besonders bemerkenswert wurde anschließend in der lokalen Presse registriert, daß SPD-Chef von Knöringen sechs Stück bestellte, aber nur vier serviert bekam.

Die Weißwurst-
Resolution

Auf dem Weißwurst-Kongreß im Jahre 1957 wurde nicht nur mächtig viel geredet, anständig Weißwürscht gegessen und noch mehr getrunken, sondern auch Handfestes beschlossen sowie verabschiedet. Zum Beispiel eine flammende, weitsichtige und weise Resolution zur Förderung und Erhaltung der Weißwurst.

Resolution

Verfaßt am 10. März 1957, hundert Jahre nach der Erfindung der Weißwurst, beim „Ersten Weißwurstkongreß der Welt" im „Bayerischen Donisl" am Marienplatz.

Art. 1

Die Münchner Weißwurst muß unter allen Umständen ihre Reinheit bewahren.

Art. 2

Die Münchner Weißwurstmacher und ihre Nachfahren werden feierlichst verpflichtet, die Weißwurst-Tradition hochzuhalten in allen Zeiten, gleichgültig, was auch kommen mag.

Art. 3

Sollte im Laufe der Jahrzehnte das heute gebräuchliche Ernährungssystem sich zur Speisepille entwickelt haben, müßte die Landwirtschaft dafür Sorge tragen, daß ein genügend großes Kontingent an Kälbern und jungen Stieren zur Erhaltung der Weißwurst-Rohstoffbasis ständig zur Verfügung steht.

Art. 4

Bindende Vorschriften über die Art des Weißwurst-Verzehres sollen auch in Zukunft nicht erlassen werden. Es soll weiterhin erlaubt sein, sich der Finger und des Bestecks zu bedienen, auch soll die preußische Methode nicht als strafbare Handlung angesehen werden.

Art. 5

Es muß aber verordnet werden, daß zur Befeuchtung der Kehle während des Weißwurstverzehrs einzig und allein Bier gebraucht werden darf.

Art. 6

So wie wir gerne zu allen Dingen unseren bayerischen Senf geben, so nehme man ihn auch zur Weißwurst. Dem, der ihn verschmäht, sollen keine Nachteile hieraus erwachsen.

Diese Resolution wurde erneuert am 5. März 1984.

Das Weißwurst-
Reinheitsgebot

Die Weißwurst-verordnung von 1972

Ende der sechziger Jahre geriet die Weißwurst in die Krise. Was war passiert? Weißwurst-Importe aus Regionen jenseits des Weißwurstäquators gelangten verstärkt auf den bayerischen Markt, unterwanderten diesen subversiv und brachten Münchens kulinarisches Aushängeschild schwer in Bedrängnis. Der Weißwurst drohte ein tödliches Siechtum durch Verfettung und Verwässerung. Als dann 1972 die Olympischen Spiele in der bayerischen Landeshauptstadt anstanden, verstärkten die Importeure ihre Lieferungen, um sich keine Goldmedaille, sondern vielmehr eine Goldene Nase zu verdienen.

Doch hatten diese ihre Rechnung ohne die Münchner Innenstadtwirte und vor allem die Metzgerinnung gemacht. In einem geharnischten Interview machte sich Luitpold Utz, Obermeister der Münchner Metzgerinnung, lauthals über diese unerwünschte Invasion Luft und beklagte sich: „Wir beobachten das Eindringen der preußischen Weißwurst schon lange. Was da von auswärts oft hereinkommt, das sind keine Weißwürscht, das sind höchstens Stockwürscht."

Ein Skandal, der die Bavaria fast erbeben ließ. Die Wurstprüfungskommisson der Stadt München stieß ins gleiche Horn und polterte: „Die Weißwurst gilt für Einheimische und Fremde als Maßstab für die hohe Leistungsfähigkeit Münchner Gaststätten und des Metzgerhandwerks. Diese bedürfen ab sofort des intensiven Schutzes." Nachdem München durch Olympia im Fokus der Weltöf-

EHRENURKUNDE

1974

DLG-QUALITÄTSPRÜFUNG

FÜR FLEISCHWAREN UND
FEINKOSTERZEUGNISSE

Ludwig Margraf, Metzgerei
Ebersberg

Weißwürste n. Münchener Art

GROSSER PREIS

DEUTSCHE
LANDWIRTSCHAFTS-GESELLSCHAFT
FRANKFURT AM MAIN

DER PRÄSIDENT

DER VORSITZENDE
FACHBEREICH MARKT UND ERNÄHRUNG

Urkunde zur Verleihung des ersten DLG-Preises für Weißwürscht Münchner Art.

fentlichkeit stand, war der Zeitpunkt dieser Attacke äußerst pfiffig gewählt.

Es blieb nicht bei Worten. Taten folgten, die Wurstgeschichte schrieben, um dem Absinken des Weißwurstniveaus, wie es an der Isar festgestellt wurde, ein schnelles Ende zu bereiten. Für die Weißwurst wurde der Amtsschimmel (wie passend) bemüht, und es folgte ein in der Geschichte der Metzgerzunft bis dato einzigartiger Vorgang. München gab sich eine eigene Weißwurstverordnung, ein Weißwurstgesetz, worin der amtliche Charakter des Rezeptes dokumentiert wurde, wie nachfolgend zu lesen ist. Es ist vergleichbar dem Bier-Reinheitsgebot, das Bayernherzog Wilhelm IV. am 23. April 1516 verkündete.

Sonderdruck aus Amtsblatt Nr. 9 der Landeshauptstadt München

Bekanntmachung über die Zusammensetzung von Weißwürsten

Im Einvernehmen mit dem Städtischen Veterinäramt München, der Staatlichen Chemischen Untersuchungsanstalt München, Vertretern des Gewerbes und der Verbraucherschaft wird darauf hingewiesen, daß hinsichtlich der Zusammensetzung von Weißwürsten nach Gewerbebrauch und Verbrauchererwartung sich folgende Grundsätze in München herausgebildet haben:

- Der Muskelfleischanteil der Weißwürste besteht überwiegend aus Kalbfleisch.

- Dem entsehnten Fleisch werden gekochte ausgelöste Kalbskopfteile mit Haut, Bindegewebsteile von Kälbern sowie gekochte Schwarten von jungen Schweinen zugesetzt.
- Diese Zusätze (Häutelwerk) dürfen insgesamt nicht mehr als 10% betragen.
- Bei der Untersuchung des Fertigproduktes dürfen keine höheren Werte als 25% Fremdwasser und 30% Fett festgestellt werden.

Diese Rezeptur ist verbindlich:

a) für die in München hergestellten

b) für die in München in den Verkehr gebrachten Erzeugnisse, soweit hierfür die Bezeichnung „Weißwurst" gebraucht wird.

Weißwürste, die diesen Grundsätzen zuwider hergestellt sind, entsprechen nicht der Verbrauchererwartung und werden daher als verfälscht beanstandet.

Weißwürste, die in ihrer Gesamtheit in München nach obigem Rezept hergestellt werden, können als „Echte Münchener Weißwürste" oder „Original Münchener Weißwürste" bezeichnet werden.

Als irreführend bezeichnet werden Weißwürste beanstandet, die abweichend von den in der vorliegenden Bekanntmachung gegebenen Merkmalen hergestellt und als „echte Münchner Weißwürste" oder als „Original Münchner Weißwürste" oder ähnlich bezeichnet werden.

Bei auswärtigen Erzeugnissen, die unter der Bezeichnung „Münchener Weißwürste“ oder „Weißwürste nach Münchener Art“ o. ä. in den Verkehr gebracht werden, wird erwartet, daß diese nach obiger Rezeptur hergestellt sind.

Weißwürste in Dosen, die nicht obengenannter Rezeptur entsprechen, können noch bis zum 31.7.1972 in den Verkehr gebracht werden.

München, den 15. März 1972

Referat für Kreisverwaltung
und öffentliche Ordnung

Es gab sogar Bemühungen, diese Weißwurstverordnung zu einem offiziellen bayerischen Gesetz zu erheben. Doch ließ man schlußendlich die (Frauen)Kirche im Dorf.

Der Weißwurst-
Äquator

Schutzwall der Bayern

Mißtrauisch wird seit altersher das bayerische Volk von seinen Nachbarn beäugt. Der Ruf als „kleines, räuberisches Volk am Fuße der Alpen, das ein rauschiges finsteres Gebräu aus Steintöpfen trinkt, das sie auch „zum Raufhandel verwenden“, eilt ihm voraus. Dennoch wollen alle unbedingt hierher ziehen. Denn ziemlich neidvoll blickt man nördlich des Mains auf die weißblauen Lande, seine Erfolge und natürlich auch auf das Schmankerl aller Schmankerl, die Weißwürscht. Neid bekommt man bekanntlich nicht geschenkt, man muß ihn sich vielmehr erarbeiten.

Um sich von dem Eindringen fremder Kulturen und Sitten aus preußischen Gefilden zumindest ein wenig zu schützen, besitzt Bayern seit Urzeiten deshalb gleich drei Grenzen. Die eine ist die Landesgrenze in ihrer bekannten Form. Seit dem Schengen-Abkommen hat sie zwar stark an Bedeutung abgenommen, politisch gesehen aber jedoch von ihrer Essenz nichts eingebüßt. Sie grenzt weiterhin wirkungsvoll ein tiefschwarzes CSU-Biotop ein, in dem die Weißwurst in willkommenem Kontrast zum politischen Willen und zugleich im höchsten Ansehen steht.

Dies manifestiert sich in dem allseits bekannten Weißwurst-Äquator. Er bildet eine weitere Grenze im übertragenen Sinn und verteidigt gleich mit zwei Linien bayrisches Denken und Tun. Dieses geographische Phänomen unterstreicht ehrenvoll und nachdrücklich die Weißwurst als Synonym für ganz Bayern und hat inzwischen selbst in Atlanten Einzug gehalten.

Die Gelehrten streiten sich darüber, welche Linie die wichtigere und richtigere ist. Der echte Weißwurstäqua-

Die Weißwurst-Äquator gilt als natürlicher Schutzwall der Bayern.

tor liegt ursprünglich sicherlich entlang der Donau und grenzt großzügig die Region ein, die man landläufig als Altbayern bezeichnet. Hier werden nicht nur die Weißwürscht am besten gefertigt, hier ist auch Bayern am bayerischsten, die Berge am höchsten und die Wolpertinger am gefährlichsten.

Viele verlegen den Weißwurstäquator aber auch entlang des Mains im Norden des Freistaats, womit die Altbayern gut leben können. Man kann ja nie genug Verteidigungslinien haben. Die Weißwurst steht zwischen Donau und Main aber weiß Gott nicht in hohen Ehren. In Mittel- und Unterfranken dominieren nun mal die „Wörschtla" und „Werscht", die ein echter Ur-Bayer zur Not und/oder als praktizierende Nachbarschaftshilfe jedoch auch ißt.

Die Weißwurst-
Produktion

Wie die Weißwurst gemacht wird

Früher galt das Herstellen von Weißwürscht als absolute Schwerstarbeit. Nach dem Schlachten und Zerwirken mußte das Kalb- und Schweinefleisch zunächst einmal geschlegelt werden. Mit mächtigen Hämmern (Schlegeln) aus Holz wurde dabei das Fleisch bearbeitet und dadurch zu einem unansehnlichen Brei geschlagen, kurzerhand einfach „zerbaatzt". Eine anstrengende, schweißtreibende Arbeit war es anschließend auch, diese Masse mit Wasser und dem Speck kräftig zu verrühren und zu verkneten. Dazu benötigte der Metzger jede Menge Muskelschmalz und Ausdauer. Die früheren Wurstmacher waren um ihr tägliches Tun wirklich nicht zu beneiden.

In der heutigen Zeit haben es die Hackebeil-Dompteure der Metzgerzunft viel leichter bei ihrer Arbeit. Moderne „Kutter" und andere computergesteuerte mechanische Hilfen machen die Herstellung von Weißwürsten beileibe nicht zum Kinderspiel, aber doch wesentlich bequemer.

Zunächst werden angefrorenes Muskelfleisch vom Kalb und das Schweinefleisch mit dem Schweinespeck (Rückenspeck) im Cutter mit 4200 Umdrehungen pro Minute zerkleinert. Dieser elektronische Metzgergeselle übernimmt die Arbeit des Schlegelns in perfekter Form. Der Metzger gibt nun erst Salz zu dem ganzen „Baatz". Es schließt das Eiweiß im Fleisch auf und machte es fähig zur anstehenden gründlichen Vermählung mit dem warmen Speck und dem Wasser. Letzteres wird in Form von gestoßenem Eis beigemengt, um die Masse ordentlich abzukühlen.

Denn durch das intensive Rühren und Zerkleinern des

Cutters steigt stetig die Temperatur im Brät. Die 18-Grad-Marke darf diese jedoch in keinem Fall überklettern, denn dann gerinnt das Eiweiß und der Weißwurst-GAU, das größte anzunehmende Unglück, würde eintreten. Eine Vermischung von Fett, Wasser und Fleisch wäre dann nicht mehr möglich. Die Weißwurst hätte keine Konsistenz mehr und würde sich beim Abbrühen in einen festen und einen flüssigen Teil spalten. Ein Problem, das in den Zeiten, als es praktisch noch keine ausreichende Kühlung gab, immer wieder zu mittleren Katastrophen führte.

Das Brät sieht nun aus wie eine schwere Mayonnaise in leichtem jungfräulichem Rosa. Der Metzger greift nun zum Häutelwerk, das sich aus gekochten Kalbskopfteilen mit Haut, Bindegewebsteilen von Kälbern und gekochten Schweineschwarten zusammensetzt, und gibt es der Menge bei. Anschließend folgen Gewürze wie Muskatblüte (Macis-Blüte), Glutamin und Selleriesalz sowie Phosphat als Geschmacks-Stabilisatoren. Danach wandern Zwiebeln, Zitronenschale und nicht zu vergessen die Petersilie, die der Weißwurst einen freundlichen Teint verleiht, in die Brätmassse.

Der Metzger gibt nun noch einmal Vollgas mit dem Cutter, mischt und prüft danach, ob das Brät nun richtig, also nicht zu fest und nicht zu dünn ist und korrigiert, wenn nötig. Deshalb gibt es auch kein Patentrezept, wieviel Prozent genau vom Kalb- oder Schweinefleisch, dem Speck oder dem Wasser in die Wurst müssen. Täglich ist zum Beispiel die Qualität des Fleisches eine andere, oder die des Specks. Der Metzger muß alle Komponenten berücksichtigen, um eine perfekte Weißwurst zu fabrizieren.

Die richtige Emulsion und die passende Konsistenz des Bräts zu erreichen, erfordert von ihm eine handwerkliche Kunstfertigkeit. Sie ist vergleichbar der des Knödelmachens. Auch hier kommt es darauf an, daß der Knödel schön locker wird. Er darf deshalb auch nicht zu schwer sein. Wird er klotzig oder zu leicht, fällt er auseinander. Wenn zehn Hausfrauen das gleich Rezept zur Knödelherstellung benutzen, gelingt bekanntlich maximal zweien, nämlich denen mit dem „goldenen Händchen", ein perfekter Knödel. Die anderen machen sehr gute und gute und ordentliche. Eine oder zwei erleben – trotz größtem Bemühen – immer ein Desaster.

Talent kann man nicht lernen

Bei der täglichen Weißwurstherstellung muß der Spezialist auch über dieses glückliche Händchen verfügen. Das kann man in Vollendung nicht lernen. Das ist einem in die Wiege gegeben oder nicht. Talent nennt man so etwas. Es trennt auch bei der Metzgerzunft die Spreu vom Weizen. Der eine kann es und der andere nicht. Der eine ist deshalb ein Weißwurst-Matador, der andere nur ein biederer Weißwurstmacher.

Entscheidend für die Qualität der Weißwurst ist auch die Menge, die zubereitet wird. Ein mittlerer Metzger arbeitet normalerweise mit einer Menge von 40 bis 60 Kilogramm: Das ist eine Größenordnung, die ihm eine sehr individuelle Zubereitung erlaubt und wo er die feinsten Geschmacksnuancen der Wurst herausarbeiten kann. Das unterscheidet die handwerklich gefertigte Weißwurst im Endeffekt auch von der industriell gefertigten. Bei Fabriken wird naturgemäß mit ganz anderen Mengen gearbeitet.

Jeder guter Brotzeitmacher schwört natürlich auf seinen Weißwurstmetzger oder auf seine Gaststätte, wo es natürlich die besten Weißwürste der Welt gibt. Adressen werden dabei streng geheim gehalten oder wie Insider-Börsentips gehandelt.

Das frische, weiße Brät mit einem Hauch von Rosa wurde früher roh verkauft und erst kurz vor der Brotzeit daheim abgebrüht. Pech für den, der es zu lange zu Hause aufbewahrte. Innerhalb kürzester Zeit wechselte das weiße Brät die Farbe und wurde leicht rostig-rosa und damit unansehnlich. Von einer „Weißwurst“ konnte danach wirklich nicht mehr die Rede sein. Heute ist der Verkauf der rohen Wurstmasse nicht mehr üblich.

Wursthäute aus China

Das Brät liegt nun satt und breit in der großen Rührschüssel und harrt der Dinge, die da kommen. Der Metzger füllt es in einen großen Eisenbehälter, den oben ein elektrischer Hubdeckel schließt und an dem unten sich ein Einfüllstutzen befindet. Über diesen wird nun die Wursthaut der Weißwurst gestülpt. Eine besondere Wursthaut natürlich. Ungeeignet dafür sind die Därme einheimischer Schweine, weil die vom Kaliber her (so der Fachausdruck) zu groß sind. Die Weißwurst nimmt für sich in Anspruch, eine elegante Wurst zu sein mit einem Durchmesser von maximal 28 bis 30 Millimeter und kein dicker fetter Protz.

Die Wursthäute kamen jahrzehntelang aus China. Das ist kein Witz, dort gibt es nachweislich eine besondere Schweineart, deren Därme sich bestens zur Herstellung einer schlanken Weißwurst eignen. Heute beziehen die bayerischen Metzger die meisten Därme aus Dänemark, das sich inzwischen fast schon eine Monopolstellung im Hinblick auf die Weißwurst erarbeitet hat.

Nachdem die elektronischen Heinzelmännchen in der Wurschtkuchl bislang die Schwerarbeit bei der Herstellung übernommen haben, folgt nun der handwerkliche Teil. Jetzt muß der Metzger ran. Die Weißwurst liegt ellenlang gefüllt vor ihm auf dem Tisch und nun gilt es, sie sachgerecht zu portionieren. Jeweils eine zehn bis zwölf Zentimeter lange Wurst, ca. 80 bis 100 Gramm schwer, soll das Ergebnis am Ende sein.

Der Metzger nimmt mit lockerer Hand den ganzen Wurststrang in die Höhe, taxiert jeweils die Länge und schwuppdiwupp dreht er dann die Wurst um die eigene Achse, bis sie abgebunden ist. Stück für Stück folgen. Drallern nennt man dieses Abdrehen bei der Weißwurst auch. Doch mit dem profanen Drehen ist es alleine nicht getan. Der Metzger darf nur so lange drehen, bis die Wurst die richtige Spannung hat, richtig prall muß sie dabei werden. Luftblasen, die dabei entstehen pikst er mit einer Dreizacken-Nadel an. Am Ende soll ja eine vollkommene Wurst auf der Verkaufstheke liegen.

Die Technik des Drallerns wird immer noch gelehrt, aber es gibt inzwischen schon Maschinen, die diese Arbeit recht ordentlich übernehmen. Überdrehen inklusive, was ein Platzen der Wurst zur Folge hat. So eine Drehwurm-Maschine kann halt arbeiten, mit dem Denken und Fühlen hapert es aber immer noch. Das wird auch noch lange so bleiben und den Handwerksstand erhalten.

Ausnahme für die Kinderkrebshilfe

Zugunsten der Kinderkrebshilfe wurde 1988 in Ebersberg eine Ausnahme gemacht und keine maßgerechten Weißwürscht fabriziert. Beim Metzger Margraf geschah Kolossales, und eine 35 Kilogramm schwere Weißwurst wurde mit dem Käscher und vereinten Kräften aus dem Kessel gehievt. Das Mordstrumm, die wohl bislang schwerste Weißwurst auf der Welt überhaupt, brachte die Volksschauspielerin Caroline Reiber portionsweise an den Mann beziehungsweise die Frau. Eine gute Tat. Der Erlös in vierstelliger Höhe half erfolgreich mit, einer Münchner Kinderklinik unter die Arme zu greifen und das Leid der bedauernswerten Kinder zu verringern.

Aus der Norm fallen auch die Würste eines Metzgers in Großdingharting. Der bot und bietet Weißwürscht von zwei Zentimeter bis zu zwölf Meter Länge an. Das letztere Maß ist wohl eng verbunden mit dem Ortsnamen.

Kalte Dusche

Zurück zur Weißwurstherstellung. Nach dem Abdrehen wandern die Weißwürscht nun in den dampfenden Kessel. Da heißt es aufpassen. Als wichtigstes Instrument hier fungiert der Thermometer. Mehr als 70 Grad sollte das Wasser nicht heiß sein. Bei höheren Temperaturen geben die feinen Saitlinge nämlich blitzartig ihren Geist auf, dehnen sich und platzen. Da wird dann der Metzger weiß und blaß vor Wut.

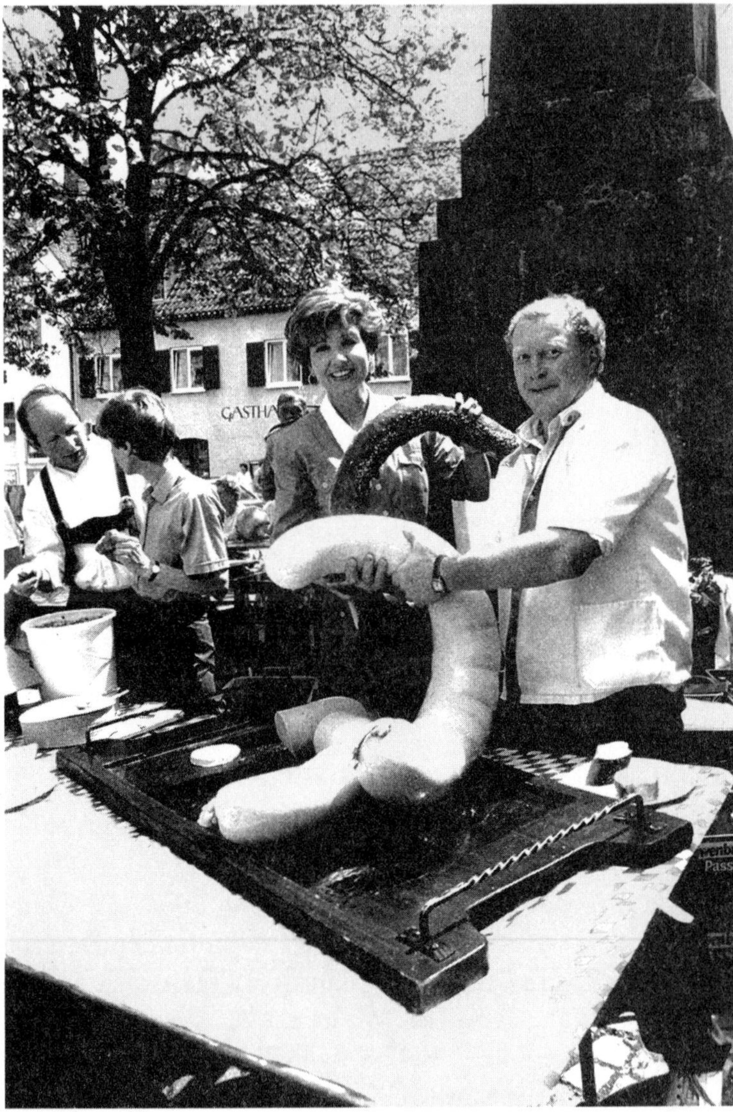

Caroline Reiber (links) und Ludwig Margraf beim Verteilen einer 35-Kilo-Weißwurst zugunsten der Kinderkrebshilfe.

Nach dem heißen Wasserbad wartet auf die Weißwürscht nun eine kalte Dusche. Unter fließendem Wasser werden sie so lange abgebraust, bis sie kalt sind. Der Metzger hängt die ganzen Stränge nun auf Haken und läßt sie dort abtropfen. Schon nach kurzer Zeit fangen die Weißwürscht an, leicht zu glänzen. Die Schöpfungsgeschichte ist für sie damit abgeschlossen. Nun warten sie nur darauf, in dunklen Mägen hungriger Brotzeitmacher ihr Leben auszuhauchen.

Alte Metzger-Weisheiten

Der Meister zum Lehrling:

„Eine Weißwurst muß so weiß sein,
wie das Knie einer Jungfrau!“

Der Lehrling zum Meister:

„Moasta, wenn rauskommt,
was da reikommt,
dann komm'ma rei',
daß ma nimma rauskomma!“

Die Kriterien einer guten Weißwurst

Woran erkennt man nun eine gute, frische Weißwurst? Eine gute Frage, auf die jeder anders antwortet. Deshalb gibt es festgelegte Bewertungskriterien. Sie beziehen sich auf fünf Bereiche: das Aussehen, die Konsistenz, den Geruch, den Geschmack und die Würzung.

Die Kriterien im Einzelnen und der Reihe nach:

Die Weißwurst soll leicht glänzen, von feiner heller marmorierender Farbe mit schönen Petersilie-Einschüssen sein.

Die Weißwurst soll sich prall und elastisch anfühlen. Nach dem Heißmachen muß das Brät flaumig und weich aber dennoch mit Biß sein. Hier zeigt sich die wahre Kunstfertigkeit des Metzgers.

Die Weißwurst soll nur zart nach Kalbfleisch, Speck, Petersilie und Zitrone duften. Andere Würste mögen riechen, eine frische Weißwurst duftet.

Die Weißwurst soll nach dem feinen Kalbfleisch und Häutelwerk schmecken. Sie soll die Geschmacksnerven im Mund geradezu umschmeicheln, der Geschmack darf nicht zu laut sein.

Die Weißwurst soll nur schwach gesalzen sein, Muskatblüte, Zwiebel, Petersilie und Zitrone dabei für das besondere Aroma der Wurst sorgen. Für die Vollendung der Geschmackskomposition wartet dann der Weißwurstsenf.

Eingefrorene Weißwürscht

Die Weißwurst gehört frisch genossen. Doch es leben auf diesem Globus auch bedauernswerte Zeitgenossen, die nördlich des Weißwurstäquators oder anderswo ihr Leben fristen müssen. Für sie ist das Einfrieren der Weißwürscht ein echtes Thema, um auch zu Hause bayerischer Lebensart frönen zu können.

Beste Voraussetzungen bestehen, geschmacklich beim Einfrieren halbwegs ungeschoren davonzukommen, wenn sie beim Metzger portionsweise vakuumverpackt werden und dann so schnell wie möglich in die Tiefkühltruhe wandern. Länger als vier Wochen sollten sie dort jedoch nicht eingesperrt sein, weil sie danach doch ziemlich strohig schmecken. Aus der Tiefkühlung heraus müssen die Weißwürscht langsam aufgetaut und erst danach im heißen Wasser erhitzt werden. Weißwürscht werden auch, vor allem in Übersee oder im Fernen Osten, in Dosen angeboten. Dort kann man sogar auf ganz ordentliche Exemplare treffen.

Außerhalb der bayerischen Landesgrenze wächst derzeit auch die Zahl der Metzger, die frische Weißwürscht Münchner Art anbieten. Darunter sind – das soll nicht unterschlagen werden – ganz passable und eßbare Spezies. 1989 verlieh die Deutsche Landwirtschafts-Gesellschaft (DLG) dem Hamburger Metzger Norbert Fruntke sogar den „Großen Preis“ für seine Weißwurst Münchner Art. Zu seiner Kundschaft gehörten vor allem Exilbayern, die mit der Hamburger Weißwurst wohl das Heimweh bekämpften, oder es zumindest damit versuchten.

Die hohe Auszeichnung für das Fleischer-Nordlicht von der Waterkant sorgte damals in Bayern etwas für Neid, dann ging man zur Tagesordnung über. Denn man vertrat unisono die Meinung: Weißwürscht kann man sicher überall gut herstellen und essen, aber schmecken – das tun sie nur in Bayern.

Studenten beim Weißwurst-Testen

Von einem bewährten Mittel, wie man am besten die Qualität einer Weißwurst prüfen kann, wird immer wieder aus den 30er Jahren erzählt. Im „Donisl“, so wird glaubhaft berichtet, warfen die Studenten nach dem Essen die ausgezuzzelte bzw. leere Haut der Weißwurst mit viel Schwung einfach an die Decke und warteten gespannt ab, was passieren würde.

Blieb die Haut dort hängen, war die Wurst qualitativ hervorragend, weil richtig fett. Fiel die leere Wursthülle von der Decke wieder herunter auf den Tisch, dann handelte sich es bei diesem Weißwurst-Expemplar um eines der Kategorie miserabel, weil wasserig und fettarm.

Die Weißwurst ist nicht gerade „Studentenfutter“, wird aber vom akademischen Nachwuchs, der bekanntlich sehr gern in München studiert, nicht weniger hoch geschätzt als das Münchner Bier.

Chemische Analyse der Weißwurst

Die Gedanken einer Frau,
der Magen eine Sau,
der Inhalt einer Wurscht,
bleibt ewig unerfurscht.

Der althergebrachte Spruch mag heute noch für die erste Zeile (ab und an) seine absolute Gültigkeit besitzen. Dank modernster Technik, bis hin zum genetischen Fingerabdruck, sind heute jedoch dem Schweinemagen und der Wurst längst die letzten Geheimnisse entlockt. Bis auf das letzte Milligramm genau sogar.

So erbringt die chemische Analyse für 100 Gramm „Original Münchner Weißwurst" folgendes durchschnittliches Ergebnis:

Energie	290,0 Kcal
Wasser	55,4 g
Eiweiß	15,5 g
Fett	25,5 g
Kohlehydrate	0,3 g
Ungesättigte Fettsäuren	2,9 g
Folinsäure	1,0 µg
Tierisches Eiweiß	15,4 g

Natrium	975,0 mg
Kalium	250,0 mg
Magnesium	21,0 mg
Calcium	17,0 mg
Phosphor	135,0 mg
Eisen	1,4 mg
Zink	1,8 mg
Vitamin A	13,0 μg
Vitamin E	0,3 mg
Vitamin B1	0,4 mg
Vitamin B2	0,2 mg
Vitamin B6	0,3 mg
Vitamin C	0,5 mg
Karotin	0,1 mg

Diese Analyse ergibt bei näherer Betrachtung eindeutig, daß die Weißwurst eine absolut gesunde Brotzeit mit vielen lebenswichtigen Spurenelementen ist, die Leib und Seele zusammenhalten. Magnesium schützt zum Beispiel vor Herzinfarkten, Calcium stärkt die Knochen und hilft nach einem Sonnenbrand im Biergarten, Zink ist gut fürs Schafkopfen und noch besser fürs Wattn (altes bayerische Kartenspiel, ziemlich verzinkt), Natrium sorgt für den täglichen Durst.

Die Weißwurst fördert das Barocke

In ihrer weißen Unschuld und dem Grün der Petersilie sieht die Weißwurst auch optisch sehr gesund aus. Ein Münchner Faschingsprinz meinte einmal, daß die Petersilie in der Weißwurst für einen echten Bayern die einzige Art ist, Vitamin C zu sich zu nehmen. Mit 290 kcal pro 100 g hat es das Schmankerl jedoch faustdick hinter der Wursthaut und ist nur sehr bedingt zur Diät geeignet. Die Weißwurst fördert mehr das Barocke. Mit dem Verzehr von vier Stück wäre der tägliche Kalorienbedarf eines normal grantelnden Durchschnitts-Bayern schon mehr als zur Hälfte gedeckt. Nimmt man zwei Halbe Weißbier und zwei Brezn und den süßen Senf als obligatorische Begleiter dazu, fast schon der ganze.

Das Fazit fällt diesbezüglich eindeutig aus: Die Weißwurst trägt mächtig, aber in vollkommener Weise zum Ausbau des persönlichen „Mittleren Ringes“ bei und prägt somit eindeutig das Allgemeinbild der Menschen in bayerischen Städten und Dörfern.

Die Weißwurst und das Zwölfuhrläuten

„Die Weißwurst darf den Schlag nicht hören" heißt es landauf landab, und diese Regel wird mit Messer und Gabel wehrhaft verteidigt. Mit dem Schlag ist selbstverständlich der Glockenschlag gemeint, der für die Wirtshäuser rund um den Münchner Marienplatz vom Alten Peter oder von der Frauenkirche, im übrigen Bayern vom jeweiligen Glokkenturm der Gemeinde ertönte. Die Geister scheiden sich jedoch, ob es sich dabei um die Zeitanzeige für elf Uhr oder um das Zwölfuhrläuten handelt, das die Weißwurst angeblich nicht mehr hören durfte bzw. sollte. Dabei wird meist die Zwölf-Uhr-Version favorisiert. Dies dürfte jedoch eine falsche Einschätzung der Tatsachen sein.

Brot- und keine Mahlzeit

Die Weißwurst war und ist bekanntlich seit Urzeiten eine Brot- und keine Mahlzeit und wird als solche deswegen vorwiegend oder ausschließlich als Brotzeit-Schmankerl am Vormittag angeboten. Die Wirtsmetzger bereiteten deshalb früher das Brät ganz früh am Morgen zu und füllten die Masse in einen runden Eisenköcher, der unten mit einem Einfüllstutzen versehen war. Kam nun ein Brotzeitgast und gab seine Bestellung auf , so rief die Bedienung in die Küche, laut und deutlich: „Chef, fünf Stück Weißwürscht!" Der Wirt stülpte dann einen Schweinedarm über den Einfüllstutzen, drückte oben auf den Köcher, und das Brät fand seinen Weg in die Wursthaut. Anschließend ta-

Nach altbayerischer Regel durfte die Weißwurst das Elf-Uhr-Läuten nicht hören.

xierte er längenmäßig fünf Weißwürscht und drehte diese entsprechend ab. Das jungfräuliche Quintett landete anschließend im heißen Kessel, zog und wurde von der Bedienung dann kesselfrisch serviert.

Weißwürscht immer stückweise bestellt

Weil die Würste, wie gerade gesehen, jeweils immer nur bei Bedarf produziert wurden, erfolgte die Bestellung durch den Gast und anschließend durch die Bedienung Richtung Küche jeweils nur stück- und nie paarweise. Denn bei der Herstellung konnte der Wirt die Würste Stück für Stück fertigen und diese dabei leicht zählen. Bei einem paarweisen Abfüllen wäre der Patron oder der Geselle sicherlich beim Zählen des öfteren unfreiwillig ins Schleudern geraten, was so manchen „Bluatssakra"- und „Kruzitürken"-Fluch und weit Schlimmeres zur Folge gehabt hätte.

Die stückweise Bestellung der Weißwürscht hat bekanntermaßen als unumstößliche Regel bis zum heutigen Tag nichts von ihrer Gültigkeit eingebüßt. Zur Tradition gehört es heute auch, die Weißwürste immer in ungerader Zahl zu bestellen. Das macht zwar nicht unbedingt Sinn, ist aber so.

Um elf Uhr wurde umgedeckt

Spätestens gegen elf Uhr vormittags war in der Regel in Bayern die Zeit des Brotzeitmachens zu Ende. Die Bedienung rief dann laut in die Küche „Weißwurst aus“ und deckte anschließend die Tische fürs Mittagessen ein. Der Wirt machte zur gleichen Zeit aus dem übriggebliebenen Brät Würste, und kochte diese im heißen Kessel ab. Dort sahen die Weißwürscht ihrem restlichen Lebensweg ziemlich freudlos entgegen, wurden bald vor Gram grau und leicht gelb, ähnelten immer mehr gastronomischen Wasserleichen. Kamen sie aus dem Kessel heraus, sammelte sie der Küchenchef oder Helfer in eine irdene Schüssel, die zur Seite gestellt wurde.

Wollte nun ein Gast noch lange nach dem Glockenschlag Weißwürscht unbedingt haben oder der Wirt bot sie quasi als „letzte Occasion“ an (die mußten weg), dann entsprachen Aussehen und Geschmack der Wurst naturgemäß nicht mehr dem gängigen Qualitätsstandard. Auch aufgewärmte Weißwürscht waren, wie ein aufgewärmter Rausch, keine rechte Freude für den hungrigen Gast. Kühlmöglichkeiten, die das Leben der Weißwürscht hätten verlängern können, standen zu früheren Zeiten nur sehr begrenzt, meist jedoch überhaupt nicht zur Verfügung. Mit einem echten bayerischen Schmankerl hatte so eine Weißwurst-Wasserleiche oder eine „Aufg’wärmte“ folgerichtig nur noch wenig zu tun, und der Spruch mit dem Glokkenschlag hatte oft mehr als seine Berechtigung.

Frühes Mittagessen

Für die Version des Elfuhrläutens sprechen auch die Lebensgewohnheiten der Bevölkerung in früherer Zeit. Von 1779 gibt es ein Schriftstück, in dem berichtet wird, daß der gutbürgerliche Bayer nach dem Kaffeetrinken spazierenging und bereits um elf Uhr zu Mittag speiste. Der arbeitende Bajuware machte seine Brotzeit in der Früh (mit oder ohne Weißwurst) und hatte um elf oder zwölf Uhr schon wieder richtigen Hunger.

In der heutigen Zeit ist die Diskussion und Rechthaberei zum Thema „das Glockenläuten und die Weißwurst" so überflüssig wie ein Kropf. Praktisch jede, die auf den Markt kommt, hat den Schlag schon längst gehört. Moderne Kühlmethoden ermöglichen es problemlos, daß die Weißwurst nach dem Sieden im Kessel und dem nachfolgenden Abkühlen unter fließendem Wasser im Kühlhaus oder –schrank nichts von ihrer Frische und von ihrem Geschmack verliert.

Dennoch: eine Weißwurst, kesselfrisch verzehrt, ist das wahre Weißwurstglück und durch nichts zu ersetzen. Wohl dem, der einen entsprechenden Metzger kennt.

Schallschutz gegen das Zwölfuhrläuten

Platzl-Wirt Peter Inselkammer überraschte 1993 auf der Wies'n mit einer absoluten „Forschungs-Neuheit", die wirklich nur einem Innenstadtwirt einfallen konnte und diesem Stand einmal mehr alle Ehre machte. Dem staunenden und prominenten Publikum stellte er in seinem Armbrustschützenzelt eine weißblau-gewandete Weißwurst-Transport-Kreation vor. Damit sei es künftig für alle echten Bayern möglich, die Weißwurst unbeschadet auf Reisen mitzunehmen, wurde vom Wirt im Brustton der Überzeugung behauptet.

Die im PFIZ (Platzl-Forschungs-und-Ingenieur-Zentrum) hergestellte Schatulle glich entfernt einem Brillenetui, war aber unmöglich mit so einem drögen Augenglastresor zu verwechseln. Der Weißwurst-Reisebegleiter war nämlich anatomisch der bananenförmigen „Karosserie“ der Weißwurst haargenau angeglichen. Als Material für das wundersame Werk wurden alte bayerische Ahornstämme verwendet.

Eine lebensmittelechte Plastikschale im Innern sorgte für eine sachgerechte Aufbewahrung der Weißwurst. Der Clou am Ganzen: Wenn die Schatulle verschlossen wurde, war im Inneren ein absoluter Schallschutz gewährleistet. Eine ganz wichtige physikalische Voraussetzung für die Lebensdauer der Weißwurst. Denn damit konnte sie das Zwölfuhrläuten nicht hören und blieb folglich immer frisch . . .

Die Weißwurst als Verführerin

Oskar von Miller (1855 – 1934) ist in München eine bekannte Größe. Nach ihm wurde ein Teil des Altstadtrings benannt. Dort staut sich heute fast jeden Tag der Verkehr. Das hilft trefflich mit, daß man sich seinen Namen merkt. Der adelige Elektroingenieur ging als Erbauer des Walchenseekraftwerkes und, für München besonders wichtig, als Gründer des Deutschen Museums (1903) in die Geschichte ein. Die Münchner Weißwurst spielte beim Ausbau und bei der Erhaltung des monumentalen Gebäudes an der Ludwigsbrücke eine sehr wichtige Rolle.

Der Techniktempel, der auf der Welt seinesgleichen sucht, war dem Erfinder lieb und der Stadt teuer. Der Ausbau sowie die Ausstattung des Museums verschlangen jedenfalls Unmengen von Geld. Von Miller war in den 20er Jahren deshalb immer bestrebt, Mäzene und Spender aufzuspüren, die dem Museum finanziell unter die Arme griffen. Dabei griff der Münchner tief in die bayerische Trickkiste und sicherte sich damit allgemeine Hochachtung rund um den Marienplatz und darüber hinaus. Denn bei seinen Aktionen hatte er meistens die Industriekapitäne von Rhein und Ruhr im Auge. Die durfte man ungestraft und mit Vorliebe „rupfen".

Oskar von Miller lud diesen illustren Kreis der reichen Nordlichter in regelmäßigen Abständen nach München zu Kongressen und Ausstellungen ein und verleitete sie dabei mit Weißwürscht zum Spenden. Das Donisl bot den Rahmen und die Bühne für die außergewöhnliche Verführung. In der Hauptrolle trat der in der damaligen Zeit weit über die Landeshauptstadt hinaus bekannte Donislwirt Toni Ferstl auf. Dieses dreieinhalb Zentner schwere berühmte Münchner Original zeigte, nein zelebrierte geradezu den staunenden Gästen, wie Weißwürscht in München richtig gegessen wurden, und verschlang in aller Ruhe 25 Stück.

Spendabel in Weißwurst- und Bierlaune

Die noblen Herren zeigten sich sehr beeindruckt und staunten einmal mehr, wozu Leute in Bayern alles fähig sind, und waren aber auch über die kunstfertige und stilvolle Art des Verzehrs überrascht. Danach durfte es die hohe Gesellschaft selbst versuchen. Bedienungen im offenherzigen Dirndl, alle oben herum gut eingeschenkt, servierten Mengen von Weißwürscht in heißen Terrinen, dazu das stärkste Bier, das in München überhaupt gebraut wurde, und auch die Brezn durften nicht fehlen. Die Musi spielte auf – grad' zünftig ging's zu beim Donisl.

Die Herren aus dem Ruhrpott aßen und tranken, genossen die bayerische Lebensart und amüsierten sich aufs beste. Wenn dann die Stimmung auf dem Höhepunkt war, kam Oskar von Miller listig mit den Zeichnungszertifikaten fürs Museum. In bester Bier- und Weißwurstlaune ließen sich die Ruhr-Barone nicht lumpen und spendeten dem Museumschef viel höhere Summen, als sie eigentlich geplant hatten. Leid tat's nachher aber keinem.

Es ist somit heute nicht übertrieben zu behaupten, daß das Deutsche Museum ohne die Münchner Weißwurst sicherlich nicht das wäre, was es heute ist.

Der Donisl-Wirt Otto Ferstl war mit seinen dreieinhalb Zentnern ein stadtbekanntes Original.

Wie die Weißwurst serviert wird

Ein Schrei verbreitet in Bayern Angst und Schrecken: „Die Weißwürscht kochen!"

Etwas Schlimmeres, ein größeres Unglück, kann im gastronomischen Bereich im Wirtshaus oder Zuhause nicht passieren. Denn die Weißwurst ist mit ihrer zarten Schweinehülle ein wahres Sensibelchen, wenn sie mit Hitze konfrontiert wird. Schon nach allerkürzester Zeit reagiert die Haut auf zu hohe Temperaturen mit gräßlichem Platzen.

Die schönen Weißwürscht bilden dann blitzartig eine Art weiße Wurstsuppe, der Spaß an ihrem Essen vergeht einem ziemlich. Denn eine geplatzte Weißwurst, „Weiberl" genannt, verliert schnell an Geschmack und noch schneller an Aussehen und schmeckt dann nicht halb so gut.

Ein probates Mittel, das Platzen der Weißwürste zu vermeiden, ist folgendes: Man kocht das Wasser in einem großen Topf kurz auf, nimmt diesen von der Herdstelle und legt die Weißwürste zum Erwärmen rein und danach den Deckel drauf. Man läßt die Würste dann zwischen zwölf und 15 Minuten so ruhig ziehen, kann derweil den Tisch mit scharfen (wichtig) Messern und Gabeln decken und Bier, Brezn oder diverse zur Weißwurst passende Semmeln zurechtstellen.

Anschließend gießt man heißes (nicht kochendes Wasser) in eine schöne Terrine mit Deckel. Dorthin legt man die Weißwürscht dann vorsichtig rein. Bewährt hat es sich dabei, wenn der ganze Weißwurststrang zuvor mit dem Messer in einzelne Würste zerlegt wurde. Da kann man sich am Tisch die Weißwurst Stück für Stück aus der Terrine angeln, sie auf den (möglichst vorgewärmten) Teller legen und sie verzehren.

Aber nicht vergessen: Nach jeder Entnahme einer Weißwurst den Deckel wieder auf die Terrine legen. Die Weißwürscht bleiben so am besten warm. Denn es gibt für bayerische Geschmacksnerven nicht Schlimmeres als kalte Weißwürscht.

Die Technik des Weißwurst-Essens

Ein Bayer sitzt im Hofbräuhaus und ißt Weißwürscht. Nach alter Väter Sitte nimmt er dabei die Wurst in die Hand und zuzzelt sie akkurat und mit Wonne aus. „Bei uns in Balin", sagt plötzlich sein Nachbar spitz und deutlich, „bei uns in Balin, essen wa die Würstchen aber anders, Menecken." Der Bayer sieht ihn erstaunt und fragend an. „Jawoll!" fährt der Preuße ungerührt fort, „da nehmen wa eine Jabel in de linke und'n Messa in de rechte Hand!" „So?" staunt der Bayer ungläubig, „und mit welchera Hand nehmts ös nacha de Weißwurscht?" Die Geschichte zeigt in urmünchnerischster Form, daß das Essen der Weißwurst eine Kunst ist.

Im Hofbräuhaus – so wird glaubhaft versichert – gab es sogar schon exotische Gäste aus preußischen und amerikanischen Landstrichen, die allen Ernstes versuchten, die Weißwurst mit dem Messer auf eine Semmel zu schmieren, wogegen diese sich widerborstig sträubte. Nicht in den Bereich der Fabel gehört auch die Methode, sie vor dem Verzehr jedes Mal ins Bier einzutauchen. Das nur nebenbei.

Münchens berühmtester Linksrumdenker, Karl Valentin, würde das Problem der Verzehrtechnik heute sicherlich mit dem alten Spruch „Ja, wie nemma denn dem" angehen. Womit er sich zunächst einmal der Ehrenmitgliedschaft im Klub „Rettet dem Dativ" sicher sein könnte, der Lösung des Problems aber keinen Schritt näher gekommen wäre.

Ja, wie wird die Weißwurst nun richtig gegessen?

Diese Frage spaltet selbst alteingesessene Stammtische, die das Weißwurstverzehren bei jedem Frühschoppen zur kulturellen Zeremonie erheben.

Das Auszuzzeln

Puristen und traditionelle Hardliner zelebrieren dabei das Ritual des Auszuzzelns. Wobei hier allein die Frage der richtigen Schreibweise schon des öfteren einen Glaubenskrieg ausbrechen ließ. So sind auch auszuzeln, auszutzeln und aussuzeln gebräuchlich – und generell vertretbar. Mit drei Z kommt das Wort aber der Technik sicher am nächsten. Weil man ganz vorsichtig die Wurst durch die Zähne zzziehen muß. Ins Hochdeutsche übersetzt heißt auszuzzeln soviel wie aussaugen.

Das Auszuzzeln wird folgendermaßen zelebriert: Man nimmt die Weißwurst mit der Hand, taucht sie mit der Spitze tief in den süßen Senf, schiebt die Wurst mitsamt der Haut etwa drei Zentimeter tief in den Mund. Danach beißt man zart rein und zieht die Weißwurst vorsichtig durch die fast geschlossenen Zähne raus. Das Brät, das Ziel der Begierde, bleibt so im Mund zurück. Anschließend tunkt man nun die übriggebliebene Zweidrittel-Weißwurst samt leerer und somit erschlaffter Wursthaut wieder in den Senf und startet den nächsten Anlauf mit gleicher Prozedur. Nach drei bis maximal vier Durchgängen bleibt nur noch die Wursthaut leer und traurig übrig.

Beim Auszuzzeln kommt der feine Geschmack der Weißwurst am besten zum Tragen, deshalb gibt es nichts Besseres, schwören die eingefleischten Anhänger dieser Methode Stein und Bein. Optisch sieht das Ganze aber alles andere als ästhetisch aus, und die Haut gleicht am Ende mehr einem abgewrackten und ausgelutschten Kaugummi oder noch Schlimmeren.

Das Auszuzzeln ist jedoch sicherlich die älteste Art und Form des probaten Weißwurstessens. Unsere Altvorderen waren des öfteren mit dem Problem konfrontiert, daß

– bedingt durch hohe Außentemperaturen und mangelnde bzw. überhaupt nicht vorhandene Kühlung – die Vermischung von Fett, Wasser und Fleisch nicht so hundertprozentig klappte und die Weißwurst nach dem Abbrühen aus einem flüssigen und einem festen Teil bestand. Da mußte so manches verunglückte Exemplar nicht nur ausgezuzzelt, sondern sogar ausgetrunken werden. Dieses kulinarische Drama wurde dann gerne mit den hohen Wasserkosten des Metzgers in Verbindung gebracht, was besonders Dreiquartel-Privatiers mit Vorliebe taten. Granteln gehört halt zu Bayern – wie die Weißwurst.

Wie wir soeben gelernt haben, verläßt sich der extrem traditionsbewußte Bayer lieber auf sein natürliches Besteck, als daß er zu Messer und Gabel greift. Der etwas fortschrittlichere Bajuware setzt aber sowohl Hand als auch moderne Technik ein. Er halbiert zunächst die Weißwurst mit dem Messer und zuzzelt danach diese genüßlich aus. Vorteil dieser Methode: Er muß die Wursthaut nicht wie einen langen Kaugummi durch die Zähne ziehen, sondern immer nur ein viel kleineres Stück. Was rein technisch von Vorteil ist.

Eine Alternative dazu ist, Weißwurst zu halbieren, dann jedes der beiden Stücke der Länge nach aufzuschlitzen. Anschließend schält man das Brät mit den Fingern aus der Haut und verzehrt es händisch mit Genuß.

Techniken mit Messer und Gabel

Weil der unfallfreie Umgang mit Messer und Gabel in unseren Breitengraden jedoch stetig auf dem Vormarsch ist und diese gastronomische Entwicklungsstufe sich fast schon in der Endphase befindet (Ausnahmen bestätigen die Regel), setzt sich immer mehr folgende Methode durch, eine Weißwurst genüßlich zu verzehren: Man nehme ein scharfes Messer, schneide die Weißwurst auf einer Seite in ihrer ganzen Länge auf, greife danach mit dem Messer zwischen Brät und Wursthaut, halte die Haut mit der Gabel fest und schabe/rolle das Brät mit dem Messer heraus. Danach kann man dieses Stück für Stück sich munden lassen. Diese Bananen-Schneide-Methode erfordert jedoch bei der Handhabung des Messers eine gewisse, fast schon chirurgische Kunstfertigkeit. Denn dem leicht banenenförmigen Radius der prallen Weißwurst zielgenau zu folgen, erweist sich als nicht so einfach und bedarf der Übung.

Auch das Auspellen endet des öfteren mit einer mittleren Katastrophe. Der Wurstinhalt liegt dann ziemlich zerfleddert auf dem Teller. Diese Methode gleicht in den Augen vieler Bayern mehr einer Schlachtung der Weißwurst als einer artgerechten Eßtechnik, soll aber bevorzugt von Preuß'n angewendet werden.

Deshalb ist die zweite Art der Messer-und-Gabel-Variante anzuraten. Sie hat sich vielerorts fast schon als Standardmethode durchgesetzt: Man schneide die Weißwurst in der Mitte vertikal durch. Danach trennt man die Hälfte der Wurst horizontal in der Mitte durch, hält mit der Gabel die Haut auf dem Teller und trennt mit dem Messer den Wurstinhalt heraus.

Boris Becker mit dem „Weißwurst-Award“.

Ohne viele Anhänger, trotzdem legitim, ist die Ganzheitsmethode. Man legt sich die Weißwurst auf dem Teller vor und schneidet jeweils ein Radl, wie es in Bayern heißt, Stück für Stück ab und verzehrt dieses Trumm dann samt der Haut. Die Wahl der Stärke der Scheiben ist je nach Hunger und individuell verschieden. Die Wurst samt Haut zu essen ist in keinsterlei Weise und zu keinem Zeitpunkt gesundheitsschädigend, wenn auch etwas ungewöhnlich.

Diese Variation des Weißwurstkonsums bevorzugte Tennis-As Boris Becker anläßlich des Daviscup-Halbfinales 1989 in München. Der berühmte Filzkugelartist ließ sich damals im Donisl hervorragende Weißwürscht schmecken. Clever und geschäftstüchtig, wie Münchens Innenstadtwirte nun mal seit Menschengedenken sind, überreichten sie dem Leimener Sportstar eine Trophäe („Weißwurst-Award"), auf der oben eine goldenen Weißwurst quer (!) thronte und unten am Sockel die Wirte mit einer Widmung ihre Reverenz an den Tenniscrack erwiesen. Becker und seine Daviscup-Kollegen sowie Trainer Niki Pilic erhielten dazu lebenslang das Recht verbrieft, bei den Innenstadt-Wirten kostenlos Weißwürscht zu verzehren. Die Trophäe steht übrigens heute bei Niki Pilic in Celle.

Die Königsmethode:
Der Kreuzschnitt

Die nobelste Art, eine Primadonna wie die Weißwurst zu verzehren, ist die Methode mit dem kaprizösen Kreuzschnitt. Dieser entspricht dem hohen Anspruch der Wurst am allerbesten, bedarf aber der intensiven Übung, am besten des wöchentlichen Trainings. Er garantiert Weißwurstessen mit Stil und höchstem Genuß.

Also, pack'mas! Man plaziert die Weißwurst schön quer auf den Teller, legt geistig die Größe des gewünschten, abzuschneidenden Stückes fest, visiert die Schnittstelle an der linken Seite der Wurst an und sticht in einem Winkel von 45 Grad vertikal von links oben nach rechts unten ein. Danach schneidet man dieses Stück ab, die Haut am Tellerboden aber nicht ganz durch. Mediziner nennen so etwas Sagittal-Schnitt. Eine vorzügliche Weißwurst dehnt sich nun aus, bildet an der Schnittstelle eine Wulst und macht ein schönes Häuberl. Das Brät muß sich „wie die Brust aus dem Mieder wölben" sagen Kenner und schnalzen mit der Zunge.

Die Wurst klafft nun an der Schnittstelle weit auf. Man arretiert die Haut mit dem Messer am Tellerboden und sticht mit der Gabel links in das Brät und dreht es locker aus dem Handgelenk aus dem Saitling heraus. Anschließend schneidet man im 45-Grad-Winkel von rechts oben nach links unten (das abgeschnittene Stück gleicht nun einer halben Raute mit einem 90-Grad-Winkel am unteren Ende), hält mit dem Messer wieder die Wursthaut am Teller fest und dreht mit der Gabel erneut das abgeschnittene Brät heraus. So wird nach und nach, immer schön im 45-Grad-Winkel, die gesamte Weißwurst aufgeschnitten. Wer diese Technik beherrscht, darf sich wahrhaft Weißwurst-Gourmet nennen.

Aufgeklappt bildet die übriggebliebene Weißwursthaut übrigens eine komplette Rautenreihe. Daß auf diese Weise das bayerische Rautenwappen entstanden ist, darf aber in den Bereich der Legende verwiesen werden.

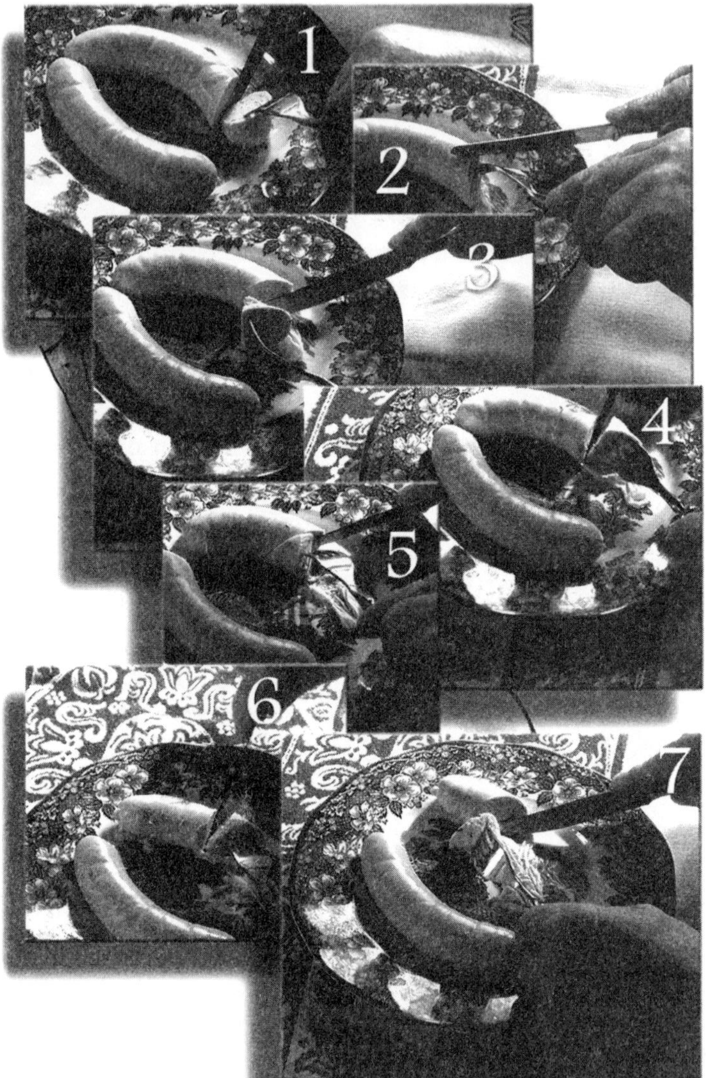

Die Technik des „Kreuz-Schnitts“.

Die Weißwurst kann heute gegessen werden, wie es einem jeden gefällt. Die berühmte „Liberalitas Bavariae“ steht dafür. Hauptsache ist, die Weißwurst mundet.

Ein alter Witz aus Metzgerkreisen macht gerne an Stammtischen und bei Frühschoppen die Runde:

Drei Frauen essen eine Weißwurst.

Die erste schneidet sie auf die gesamte Länge auf, dreht das Brät heraus und verzehrt es.

Die zweite schneidet die Weißwurst quer, dann längst und rollt das Brät heraus, taucht es in den Senf und ißt es mit Genuß.

Die dritte zuzzelt die Weißwurst aus.

Frage: Welche von den drei Frauen ist verheiratet?

Antwort: die mit dem Ehering am Finger.

Die mißhandelte Weißwurst

Von Max Spiegl

Von Zeit zu Zeit geht der „Joseph“ als gelernter Brotzeitmacher nicht ungern in eine der zahlreichen Münchner Weißwurststationen. Um sich daselbst und womöglich, wie sich's ghört, noch vor dem berühmten Zwölfuhrläuten dieses Traditionsschmankerl einzuverleiben. Wobei es natürlich schon in erster Linie darauf ankommt, wo er Station macht, in welcher versteckten Drei-Quartel-Oase diese feinkarätige Köstlichkeit in ihrer unverfälschten Reinheit überhaupt noch zu finden ist.

Wie beim „Lustigen Simmerl“ zum Beispiel. Wo mit einem „Sodala, da san Eierne Weißwürscht und an recht an Guaden dazua“ den wackeren und bibelfesten Stammtischlern von der treudienenden Kathi ein wohlgeformtes, schön angewärmtes Porzellanhaferl mitten in ihren Vormittagsdiskurs hineingestellt wird. Ha, da liegen sie, die vielgeliebten. Frisch und prall. So richtig zum anbeißen. Beziehungsweise zum Anschneiden.

Ein paar Breznbröserl im Schnurrbart, die Gurgel bereits sachgemäß mit einem dunklen Weißbier angefeuchtet, fischt sich der Alois als erster eine dieser kesselfrischen Gaumenfreuden. Andächtig wie der Pfarrer beim Hochamt zelebriert der Nachbar zu seiner Linken mit dem Senfhaferl, während der Anderl, immer hungrig wie ein sibirischer Steppenwolf, schon mit der Innenrevision seiner halbrunden Geliebten beginnt. „Oiso, es kennts sagn was wollts, a frisch's Braat, a Zitrona und an Schübbe Petersil, des is oiß, was' braucht für a guade Weißwurscht“, bekräftigt er mit Kennermine und schiebt genußvoll das zweite Drittel der liebevoll enthäuteten Pracht in seinen Vorruhestandschlund.

Pikfein und steif wie frischgestrichene Gartenzaunlatten warten vier eingemeindete Südschweden auf ihre Renommierspeisung. Vornehm und dem City-Restaurant würdig bringt die Bedienung gemäßigten Schrittes huldvollst dazu einen supersterilen Plastikbrotladen. Darin abgezählt vier „Brötchen". Zwei davon adlig: „Von" gestern. Die Weißwürst hingegen ahnen schon, was ihnen nun bevorsteht. Was ihnen spontan das edle Kalbsbrät in ihren lauwarmen Mänteln erschaudern läßt. Hilf- und wehrlos liegen sie da, auf ihren Opfertellern. Fast erbarmungswürdig. Ohne persönliche Anrede oder irgendeine Reverenz säbeln, schnipseln und quetschen diese bösen Menschen dann auch noch von allen Seiten an ihnen herum. Und anstelle des üblich süßen Körndlsenf werden sie zu allem Unglück mit einem extra scharfen „Mostrich" malträtiert. Wahrlich ein Fall für die Münchner Weißwurst-Verschandlungs-Kommission. Vor die gehörten allerdings nicht nur diese ewig plappernden Spesenschmatzer, sondern in erster Linie die alle guten Sitten und Gebräuche vergessenden Wirte. Unnachsichtig sollten solche selbst in Därme abgefüllt, dann abwechselnd lauwarm und überheiß gebrüht und vor Freigabe zum Verzehr bei Ostwind dreimal um den Marienplatz getragen werden.

Alles mal „plobielen" wollen

Sicher wird jede anständige Weißwurst und auch der „Joseph" einem wirklich unkundigen Besucher und gutwilligen Zuzzler-Lehrling so manches Mißgeschick im Umgang mit seinem Naturbesteck und den sonstigen Schnabulierwerkzeugen nachsehen. Wenn da ein stolzer Spanier wie beim Stierkampf entschlossen und schräg von hinten zum Todesstoß ansetzt, da lacht eine echte Weißwurst höchstens und spritzt dem Meuchelmörder selbst oder seinem verdutzten Gegenüber höchstens ein bisserl Herzblut ans frischgereinigte Ausgehjopperl. Oder wenn die nipponesischen Alles-"Plobielen"-Woller mit unschuldigem Weitwinkeldauerlächeln den ersten eigenhändigen Schnittversuch von Zipfel zu Zipfel mit Video und Tonband aufzeichnen. Und die zartblasse Schönheit wegen mangelnder Sachkenntnis mit Ketchup und Reis garnieren. Und vielleicht gar noch einen Kamillen-Tee dazu trinken. Brrrr. Doch auch sowas läßt eine echte Münchner Weißwurst ungerührt erkalten. Sie opfert sich ja für einen gute Sache. Sayonara, Freunde, beim nächsten Mal klappts besser.

Frühschoppen-Doping

Einmal hat der „Joseph" einer hochpolitischen Weißwurst-Darreichung beiwohnen dürfen. Mit Einführungsvortrag durch den Hausherrn persönlich. Perfekt in allen Arten. Mit Längsschnitt, halbierter Enthäutung, scheibchenweiser Drehschabung und dem urigen „Zuzzeln". Was bei einigen nichtbayerischen Brotzeit-Schulbuben gar lustig aussah. Und der „Joseph" möchte da sogar behaupten, daß er mindestens vier bis fünf Wehschreie von unliebsam gebissenen und grob abgeschälten Weißwürsten ganz deutlich vernommen hat. Ein ganz Rigoroser hat der edlen Wurscht beim Frühschoppen-Doping allerdings überhaupt keine Restchance gelassen. Er hat neben fünf Brezn, drei

Die mißhandelte Weißwurst.
(Zeichnung Ernst Hürlimann)

Halben Weißbier und einem Haferl Senf einfach alles mit Putz und Stingel, also mit Inhalt und Haut komplett verdruckt. Sich die Finger abgeschleckt, seine Hände in Unschuld gewaschen und dann hinterher zur Verdauung noch einen doppelten Birnschnaps nachgekippt. Was soll man dazu noch sagen?

Ungezählt jedoch alle Weltenbummler, Ostschwaben, Ober- und Niederbayern, Wahl- und Gelegenheits-Münchner und sonstigen Völkerstämme, die über eine echte Münchner Weißwurst ihre eigene Philosophie oder Lebensweisheit entwickelt, erprobt und gefestigt haben. Daneben gibt's aber gottgelobt auch diejenigen, die wirklich noch wissen und schätzen, was eine Münchner Weißwurst überhaupt ist, wie sie geliebt, behandelt, aufgetischt und letztlich mit Muße und Andacht genossen wird.

Aus: „Uns Münchner wenns ned gab . . .", erster Band, Knürr Verlag

Was man zur Weißwurst ißt und trinkt

Weißwurst, Bier und Brezn bilden eine perfekte geschmackliche Dreieinigkeit, Synonym des vollendeten Genusses für den weißblauen Brotzeitmacher und den Freunden dieser bayerischen Lebensgewohnheit.

Als Getränk zur Weißwurst kommt nur Bier, Bier und nichts als Bier in Frage. Das muß einmal festgehalten werden. Im Laufe der Zeit hat sich dabei inzwischen immer mehr das Weißbier durchgesetzt. Das liegt keinesfalls an der Namensverwandschaft, sondern einfach am Geschmack dieses obergärigen, bayerischen Grundnahrungsmittels, das wie die Weißwurst längst die ganze Welt erobert hat.

Frisch eingeschenkt, versehen mit einer Scheibe Zitrone, steht es im besten harmonischen Einklang zur Weißwurst. Das liegt nicht allein daran, daß in der sich ebenfalls eine Zitrone befindet. Vielmehr paßt der leicht hefige Geschmack aufs Beste zum feinen Wurstgusto. Das Weißbier erweckt mit seiner prickelnden Frische einfach die geschmacklich doch etwas dezente Weißwurst gleichsam zu lebendigen Kulinarium, haucht ihr Power ein, wie das heute auf Neudeutsch heißt.

Als Alternative zum Weißbier bietet sich allen Weißwurst-Anhängern schon aus alter Tradition ein feines, gut temperiertes Helles an. Dies ist alles andere als zu verachten. Der feine, dennoch würzige Hopfengeschmack des Bieres paßt ebenso zur Weißwurst wie der Hefegeschmack der „Weiß'n“. Früher war es üblicher, ein Helles dazu zu trinken. Eine Halbe, meist aber eine Maß. Mit halben Sachen gab und gibt sich der Bayer einfach nur ungern ab.

Auch nicht mit der 0,5-Promillie-Grenze, die ihn aber immer mehr zur Halben zwingt.

Ob man ein Weißbier oder ein frisch gezapftes Helles bevorzugt, hängt nicht nur von der Jahreszeit oder dem Durst ab, sondern auch vom persönlichen Befinden des Brotzeitmachers. Ein Weißbier putscht ein wenig auf, wenn die Gedanken etwas trübe sind, ein schönes Helles beruhigt nach den Aufregungen oder der Hektik eines Vormittags. Da kann die Seele dann ein wenig baumeln.

Die Brezn, eine Münchner Erfindung

Was gibt es Schöneres, als ein ansehnliches Stück Weißwurst genüßlich zu portionieren, in Weißwurstsenf zu tunken und es dann zu verspeisen. Gesteigert wird das Vergnügen, wenn man anschließend das Ganze dann mit Bier und einer reschen bayerischen Brezn „abischwoabt" (hinunterspült). Zur Weißwurst ißt man heute meist eine knusprige Brezn, oder auch eine Breznstange. Dabei sollte es sich aber um eine schön glänzende, kleine, bayerische Brezn handeln, bei der die satt-braune Oberfläche an manchen Stellen leicht aufgesprungen ist, so daß der gebackene weiße Brenznteig herauslugen kann.

Die Brezn sollte nicht zu weich und nicht zu hart sein. Der Bäcker benötigt dafür ein feines Händchen. Der Teig besteht aus hellem Weizenmehl und hat einen erhöhten Anteil an Schmalz oder Fett. Früher wurde in Bayern der Teig der Brezn noch händisch geschlungen. Dabei wurde peinlich darauf geachtet, daß die „Brazerl", die Enden des Teiges, richtig und sauber plaziert waren. Heute übernehmen diese kunstfertige Arbeit elektronisch gesteuerte Ma-

Breznstrang anlupfen . . .

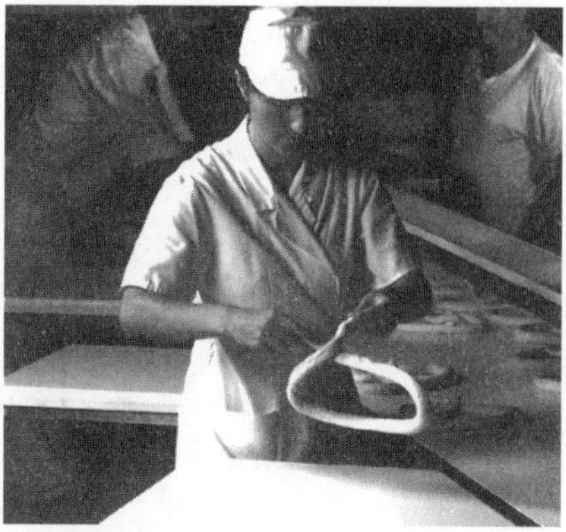

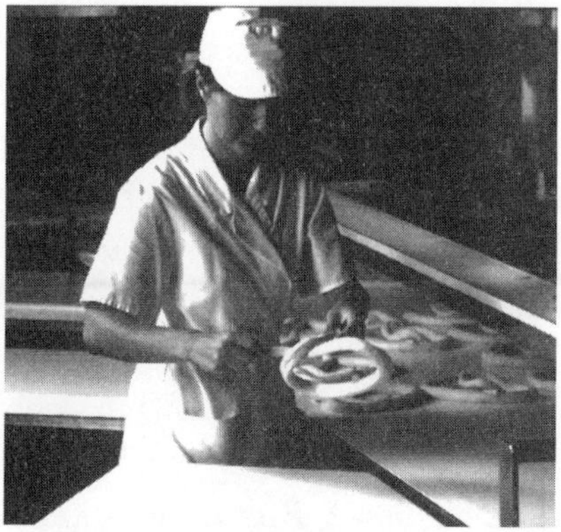

. . . ins Kreuz drehen . . .

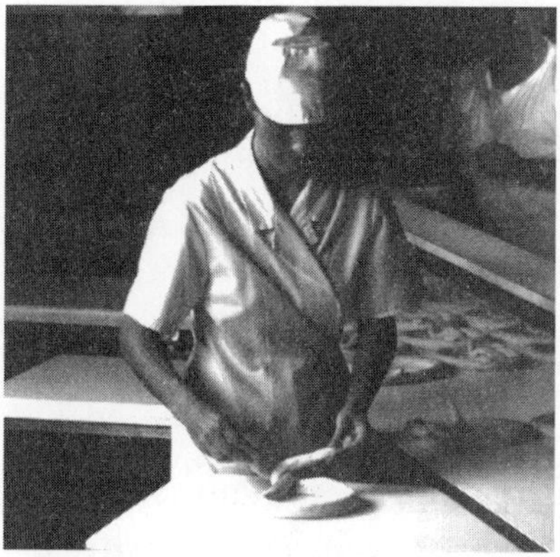

. . . „Brazerl“ andrücken – fertig!

Fotos: Müller-Brot

schinen und machen dies auch nicht schlecht. Viele gestandene Bäckersleute machen sich aber immer noch die Mühe, handgefertigte Brezn anzubieten.

Der Überlieferung nach soll die Brezn eine bayerische Erfindung gewesen sein. Im Februar 1839 kam der königlich-württembergische Gesandte Wilhelm Eugen von Ursingen – so die Legende – zu Besuch in die bayerische Landesmetropole. Sein Frühstück nahm er dabei im Königlichen Kaffeehaus des Hoflieferanten Johann Eilles in der Residenzstraße ein. Er bestellte Brezn und erlebte eine Überraschung. Als er hineinbiß, merkte er, daß es sich um ein salziges und nicht wie üblich süßes Exemplar handelte. Schuld daran war der Bäckerbursch im Backhaus. Er hatte versehentlich die Brezn statt mit Zuckerwasser mit der Natronlauge, mit der die Bleche normalerweise gereinigt wurden, „glasiert". Es war schon eine sagenhafte Erfinderzeit damals. Jedenfalls hält sich diese Legende hartnäckig bis zum heutigen Tage.

Maurer-Loawe, Pfennigmuckerl und Römerweckerl

Sehr gut passen zur Weißwurst aber auch diverse Semmeln, anderswo Brötchen genannt. Da ist an allererster Stelle das Maurer-Loawe zu nennen, ein resches Schmankerl aus Roggenmehl, Sauerteig und ab und zu auch mit gemahlenem Kümmel gebacken. Es ziert diese knusprig aufgesprungene, rosenartige Oberfläche. Dieses Charakteristikum wird mit Hilfe von Schmalz oder Fett erreicht, das oben in das Maurer-Loawe eingearbeitet wird.

Ähnlich ist im Geschmack des Pfennigmuckerl, der auch als „Pfennigmuggel" bayerische Brotzeitmacher erfreut. Der dunkelbraune, etwa Taubenei-große Winzling, der heute weit mehr als ein Pfennig kostet, wird ebenfalls aus einem Roggenmehlteig mit einem Sauerteiganteil hergestellt, bei dem die Kümmelnote leicht dominiert. Das Besondere am Pfennigmuckerl ist neben seinem ausgezeichneten Geschmack seine Form. Fünf Muckerl hängen immer zusammen und bilden eine Einheit.

Kümmel krönt die Römische, auch Römerweckerl genannt. Ursprünglich heißt dieses Semmel mit der typischen oval-länglichen Form „Riemer", weil sie im Münchner Vorort Riem erfunden wurde, wo sich früher der Flugplatz befand. Der Teig besteht aus Roggenmehl nebst Sauerteiganteil.

Brezn, Maurer-Loawe, Römerweckerl und Pfennigmuckerl – diese vier Spezies bayerischer Backkunst bilden eine perfekte Symbiose mit der Weißwurst und unterstreichen in vollendeter Weise ihren Geschmack. Aber auch die ganz gewöhnliche Semmel ist eine nicht zu verachtende Beilage – wer's mag.

Der Weiß-
wurstsenf

Die Krönung der Weißwurst

Schon bei den alten Ägyptern, Griechen und Römern stand Senf im höchsten Ansehen als Medizin für Körper, Geist und Seele. Die erste Nennung als „sinepi", aus dem sich später das deutsche Wort Senf ableitete, findet man bereits bei dem römischen Arzt Pedanius Dioscorides, der 78 Jahre nach Christi Geburt den Senf empfahl.

Aus dem 4. Jahrhundert stammt das Rezept des Römers Paldius, der gemahlene Senfsaat mit Honig, Olivenöl und Essig mischte. Die Römer führten auch den Anbau des Senfs nördlich der Alpenkette ein. Karl der Große gehörte hier zu seinen Förderern.

Im 13. Jahrhundert beschäftigten sich vor allem die Franzosen mit der Herstellung des Senfs und schafften sich damit zunächst europaweit ein Monopol. Zentrum der Senferzeugung wurde Dijon, das bis zum heutigen Tag seinen Ruf als Senfmetropole wahren konnte. Die Gallier mischten als erste Traubenmost dem Senf bei und bezeichneten diese Mischung als „mustum ardens", was soviel wie brennender Most bedeutete. Aus diesem lateinischen Wort entwickelte sich das französische Wort „Moutarde", das englische „mustard" und das preußische „Mostrich".

B. A. Matioli rühmt 1563 in seinem Gesundheitsbuch die Vorzüge des Senfs:

„In der Speis genossen ist gutt dem magen, zerteylt die groben speyss und verzehrete die überflüssige Feuchtigkeit darinnen, fürdert den harn und die frawenzeit, reumt die

Brust, macht wohl ausreuspern, ist derhalben gutt denen, welchen den atem schwerlich aus- und einziehen."

In Anbetracht dessen ist es kein Wunder, daß die Weißwurst vor dem Verzehr noch heute so tief in den Senf getaucht wird.

Schon den alten Römern war die Bekömmlichkeit der Senfkräuter bekannt.

Johann Conrad Develey erfindet den Weißwurstsenf

1720 war ein wichtiges Jahr in der Geschichte des Senfs. Ein Clemens of Durham fand in England einen Weg, Senfkörner zu einem feinen Mehl zu vermahlen. Ohne diese Technik hätte es nie einen Weißwurstsenf geben können. Dessen Geburtsstunde schlug im19. Jahrhundert, und Ort der Zeugung war natürlich München. Johann Conrad Develey gilt als Erfinder des Weißwurstsenfs. Dafür gehört ihm heute noch ein Denkmal gesetzt.

Der Unternehmer stammte aus einer alten Hugenotten-Familie (de Veley) und war aus der französischen Schweiz über Lindau und Augsburg, wo er sein Abitur ablegte, nach München gekommen. Damals befand sich das Senfgewerbe in der bayerischen Landeshauptstadt fast ausschließlich in weiblicher Hand. Münchnerinnen betrieben in kleinen Manufakturen meist im Nebenerwerb den Handel mit dem begehrten Gut.

Develey gründete 1845 in der Kaufingerstaße, Eingang Augustinerstraße, also im Stadtzentrum von München, seine Senffabrik, die auf bester handwerklicher Basis, aber bereits industriell arbeitete und sehr schnell hohes Ansehen erlangte. Zunächst gehörten zum Angebot der mittelscharfe und scharfe Senf nach französischer Art. Doch der Firmenbesitzer war ein fortschrittlich denkender und experimentierfreudiger Zeitgenosse, der rastlos immer wieder neue Variationen ausprobierte und diese Mixturen bis zur gänzlichen Vollkommenheit entwickelte. Schnell hatte er erkannt, daß eine süße Variation des Senfs auf dem Markt fehlte.

So gab Johann Conrad Develey erstmals zum Gelb- und Braunsenf auch Essig, Zucker und Gewürze und

Johann Conrad Develey, Pionier der Senfentwicklung.

kochte diese Mischung. Der Zucker wurde mit glühenden Schürhaken karamelisiert. Das erzeugte einen sehr feinen Geschmack, der den Senf ganz vorzüglich munden ließ. Gemischt und gekocht mit Wasser, Salz, Zwiebeln, gestoßenen Nelken, etwas Jamaika-Piment und Muscaden-Nuß ergab es einen Senf, wie man ihn bislang noch nicht kannte. Später wurden die Senfkörner nicht mehr gekocht, sondern grob vermahlen. Den Durchbruch verschaffte Develey seiner neuen Erfindung, indem er ihm braunen Farinzucker beimischte. Eine geniale Idee, das Tüpferl auf dem i. Der „süße Senf" war damit geboren, eine Münchner Spezialität, die Weltruf erlangen sollte. Wie die Weißwurst, deren kongenialer Geschmackspartner der neue Senf bald wurde und bis zum heutigen Tage blieb.

Develey bot erstmals 1854 seine neue Senfvariation als „Deutschen und Österreichischen Senf" an. Er entwickelte sich schnell zum Erfolgsschlager, um den sich die Leute rissen. Ein einzigartiger Siegeszug durch Küchen und Gasthäuser begann. Auf nationalen und internationalen Ausstellungen wurden der neuen Kreation höchste Auszeichnungen zuteil. Sie mehrten den Ruhm des neuen Senfs und begründeten schon im vergangenen Jahrhundert den Ruf als Vorläufer eines Markensenfs.

Königlicher Senf-Hoflieferant

Der Firmenbesitzer war nicht nur ein geschickter und innovativer Geschäftsmann, sondern auch ein gebildeter Mann von Welt. Er bewegte sich in den besten Münchner Kreisen und galt als beliebter Diskussionspartner von

Künstlern und Kulturbeflissenen. Einen großen Namen errang er dabei als leidenschaftlicher Sammler von Gemälden. Seine Sammlung mit Werken u.a. von Lucas Cranach dem Älteren oder Holbein war mehr als beachtlich.

Das München der damaligen Zeit galt als eines der dominierenden europäischen Zentren künstlerischen Schaffens. Die Gründe dafür lagen insbesondere beim bayerischen Königshaus, das die schönen Künste nach Kräften förderte. Dichter, Maler und Architekten verkehrten am königlichen Hof, rauschende Feste wurden gefeiert und so manche Veranstaltung endete mit einer stärkenden Brotzeit, bei denen frische Würste heiß aus dem Kessel serviert wurden. Develey lieferte dazu den Senf und verschaffte sich so schnell beste Reputation auch beim Königshaus. Auf seiner Kundenliste standen die Wittelsbacher ganz oben.

Alte Aufzeichnungen beweisen, daß er praktisch das gesamte bayerische Königshaus mit bestem Senf versorgte. Zur Klientel der Senffabrik Johann Conrad Develey zählten bis Anfang des 20. Jahrhunderts Sr. Majestät, König Otto von Bayern, Königliche Hoheit Prinzregent Luitpold von Bayern, Königliche Hoheit Prinz Ludwig, Königliche Hoheit Prinz Ludwig Ferdinand, Königliche Hoheit Prinz Alfons und Herzog Karl Theodor. Sie alle schätzten den süßen Senf als hervorragenden Begleiter zu vielen Brotzeiten und Speisen.

Für seine besonderen Verdienste um die Herstellung von Senf wurde 1874 Johann Conrad Develey zum Königlichen Hoflieferanten ernannt. Der legendäre Franz Graf von Pocci, Mitglied des königlichen Hofes, überreichte dem Senffabrikanten die Urkunde und würdigte damit das Schaffen des erfolgreichen Münchner Unternehmens von höchster Stelle.

Schon in den 50er Jahren wurde der Senf maschinell abgefüllt.

Das letzte Stück zum Weißwurstglück

Mit der Weißwurst machte auch der Weißwurstsenf in den Folgejahren Karriere. Eine Weißwurst ohne Senf ist heute nicht mehr vorstellbar, wäre schlimmer als Champagner ohne Prickeln oder ein Weißbier ohne Schaum. Der Senf bedeutet beim Genießen des Schmankerls das letzte Stück zum Weißwurstglück. Er macht die Weißwurst vollkommen.

Der allergrößte Teil des Weißwurstsenfs auf dem Markt stammt heute aus industrieller Herstellung. Modernste Verfahren sorgen für gleichbleibende und beste Qualität. Der sorgfältige und schonende Umgang mit den Rohmaterialien steht im Mittelpunkt der Verarbeitung. Zunächst werden die Senfkörner gereinigt, danach werden mit Hilfe eines Luftstroms Spelzen, Staub und andere Fremdstoffe entfernt. Anschließend poliert bei der Herstellung des Weißwurstsenfs eine Maschine die Körner der gelben und der braunen Senfsamen. Eine rotierende Bürste befreit sie von den allerfeinsten Staubteilchen. Die gereinigte Senfsaat wird anschließend auf sogenannten Walzenstühlen zerquetscht.

Dem so gewonnenen „Bruch“ wird durch ein spezielles Preßverfahren bei Develey ein Teil des Öls entzogen. Übrig bleibt der sogenannte Ölkuchen, zusammengepreßtes Senfschrot, das dann durch Zerkleinern zu Senfmehl aufbereitet wird. Dieses wird mit Essig, Kochsalz und Gewürzen in einem Maischbehälter vermischt und dann erhitzt. Bei diesem für den Weißwurstsenf typischen heißen „Einmaischen“ entwickeln sich in diesem Stadium die charakteristischen Aromen der Senfsorten und sorgen für das einzigartige Bukett.

Danach geht es noch einmal rund. Die Naßvermahlung

steht an. Unter schweren Granit- oder Sandsteinen wird die Maische ganz fein zermahlen. Dieser Vorgang wird mehrfach wiederholt, um eine gleichmäßige Konsistenz des Senfs zu erreichen. Das goldbraune Gemisch reift, in Lagerbehältnisse gefüllt, zum Weißwurstsenf heran. Bei der Lagerung wird sein Geschmack abgerundet, hier kann der Weißwurstsenf von der bevorstehenden Vereinigung mit der Weißwurst (oder notfalls auch mit dem Leberkäs) bereits träumen. Ähnlich der Weißwurst darf sich nur ein Senf, der tatsächlich aus Bayern bzw. aus München stammt, echt (original) Bayerischer Weißwurst- oder Münchner Weißwurstsenf nennen.

Weißwurstsenf täglich frisch

Die individuelle Senfherstellung ist aber beileibe nicht in Vergessenheit geraten. Noch heute gibt es in Bayern einige angesehene Wirte, die täglich ihren Senf noch selbst herstellen und ihn ihren Gästen frisch zur Weißwurst reichen. Die Rezepte dafür hält jeder so geheim wie Coca Cola das seiner berühmten Brause. Vorbei sind jedoch die Zeiten, wo nach der Herstellung der frische Senf jeweils dreimal mit einem glühenden Stahl umgerührt wurde. Das bedeutete kein Hexenwerk, um böse Geister zu vertreiben, sondern soll früher dem Weißwurstsenf einen besonderen Geschmack gegeben haben. Der Zucker karamelisierte dabei und das Verfahren hatte zudem den Vorteil, daß der Senf dadurch auch länger haltbar wurde. Heute ist es übrigens garantiert, daß der in Deutschland industriell hergestellte Weißwurstsenf keinerlei Konservierungsstoffe enthält. Seine Zusammensetzung macht derartige Zusätze überflüssig.

Weißwurstsenf-Rezept
zum Selbermachen

Wer einmal versuchen will, selbst Weißwurstsenf herzustellen, kann es nach folgendem, altüberlieferten Rezept versuchen:

200 Gramm gelbes Senfmehl und 50 Gramm grünes Senfmehl mit einem halben Pfund Farinzucker mischen. Eineinviertel Liter Wasser, ein Achtel Liter Essig, eine halbe Zwiebel, zwei Nelken und ein Lorbeerblatt ca. zehn Minuten lang kochen. Dann Senfmehl und Zucker mit dieser Brühe langsam mischen und alles gut verrühren, bis der Weißwurstsenf die richtige Konsistenz besitzt.

Anzeige aus dem Jahr 1906.

Die Verwandten der Weißwurst

Die Original Münchner Weißwurst bzw. die echte Münchner Weißwurst ist ein einzigartiges Produkt des Metzgerhandwerks, ein wurstmäßiger Solitär. Sie muß, um diese Namen führen zu dürfen, in der bayerischen Landeshauptstadt hergestellt sein, großzügig betrachtet auch noch im gesamten Münchner S-Bahn-Bereich mit einer kleinen Ausweitung bis maximal nach Rosenheim.

Verwandte kann man sich jedoch bekanntlich nicht aussuchen. Davon gibt es bei der Original Münchner Weißwurst gleich eine ganze Menge, auch wenn diese manchmal nicht einmal weitläufig einen Verwandten dazu haben. Der Phantasie der Metzger kann man nun mal keinen Riegel vorschieben. Im Fachjargon der Metzger laufen diese Brüder und Schwestern und andere Verwandtschaftsgrade der Weißwurst unter dem Begriff „Weiße Ware". Ihre Grundsubstanz besteht meistenfalls aus dem Brät mit Kalbfleisch, Schweinefleisch und Speck. Es wird mit Kochsalz und nicht mit Nitritsalz gewürzt. Würste dieser Art sind deshalb nicht lange haltbar.

Weißwurst Münchner Art oder Münchner Weißwürste

So dürfen alle Weißwürscht benannt werden, die sich in ihrer Zusammensetzung im Wesentlichen an der 1972 herausgegebenen Münchner Weißwurstverordnung orientieren. Sie können, besser: dürfen sogar jenseits des Weißwurstäquators hergestellt werden.

Die Wiener Weißwurst

Seit über 20 Jahren bietet der Gasthof zum Renner am Nußdorfer Platz 4 im 19. Wiener Bezirk Döbling die „Wiener Weißwurst“ an. Sie findet reißenden Absatz und gilt als echtes „Gustostückerl“ in der Hauptstadt unseres Nachbarlandes. Erfunden hat sie Werner Renner, der Wirt des Beisls, das sich schon fast 100 Jahre in Familienbesitz befindet.

Der Großneffe des ehemaligen österreichischen Bundespräsidenten Dr. Karl Renner nimmt zur Herstellung der Wurst 50 Prozent Kalb- und 50 Prozent Schweinefleisch, Speck, ganz wenig Schwarte und weniger Wasser, als sich in Münchner Weißwürsten befindet. Sonst entspricht sie dem bayerischen Original und wird auch so serviert. Die „Wiener Weißwurst“ hat durch die Veränderung der Rezeptur etwas mehr Biß. Der Fleischhauer Renner mag die härtere Konsistenz persönlich nicht so, bevorzugt selbst die flaumigeren bayerischen Weißwürscht. „Aber was soll ich machen, die Leute wollen es so“, bedauert der Wirt. Er bietet ein Paar „Wiener Weißwürste“ mit echtem Weißwurstsenf als Vorspeise für 65 Schilling an. Fast schon ein exklusives Vergnügen.

Österreich verhängte im Jahr 1989 übrigens ein Einfuhrverbot für Münchner Weißwürscht. Thomas Hegyi von der Wiener Bundesanstalt für Lebensmitteluntersuchung war dahinter kommen, daß bayerische Würscht nicht der österreichischen Norm entsprechen. Diese schreibt eine Zusammensetzung aus 73 % Kalbsbrät, 22 % Speck und 5 % Schwarte vor. Somit eine Weißwurst ohne Wasser, die wohl dann mit der Kreissäge geschnitten werden muß. Ein österreichischer Weißwurst-Witz.

Die Schlesische Weißwurst

In Schlesien hat die Weißwurst Tradition. Sie unterscheidet sich aber grundlegend von der bayerischen. So überwiegt bei ihr der Schweineanteil beim Fleisch gegenüber dem Kalb, und das Häutelwerk fehlt ganz. Dafür wird neben Wasser auch noch Milch im Verhältnis 4:1 beigemengt. Die Schlesische Weißwurst wird nach dem Brühen leicht angebraten und somit als Bratwurst serviert.

Die Boudin blanc

Die französische Schwester der bayerischen Weißwurst entspricht in ihrer Zusammensetzung dem Münchner Rezept und ist fast identisch. Serviert wird sie jedoch ebenfalls leicht angebraten.

Die Andouillette

Diese Wurst sieht aus wie eine Weißwurst, ist aber keine und schmeckt auch nicht so. Sie ist mit Kaldaunen (Gekröse und Därme) von Kalb und Schwein gefüllt und wird in unserem Nachbarland Frankreich, wo sie herstammt, leicht angebraten oder gegrillt mit einer Wein-Sahne-Soße serviert.

1989 gab es in der bayerischen Landeshauptstadt fast einen Aufstand wegen der Andouillette. Werbemanager wollten den Muscadet-Wein propagieren und präsentierten Weißwürste in Sahne-Muscadet-Sauce. Die Münchner schüttelte es mit Abscheu. Gastro-Kritikus Wolfram Siebeck (der Stern titulierte ihn einst „Siebeck, der Küchenschreck“) gilt als einer der ausgemachten Gegner der Weißwurst. Er nennt sie meist abfällig „Albino-Pimmel“. Im Zusammenhang mit der Andouillette wetterte er in einem Zeitungsinterview in ausgefallener und ausfallender Form gegen die Ablehnung dieses Rezeptes und verwendete die Aufregung zu einer weiteren Philippika gegen die Weißwurst, indem er in einem Interview verlauten ließ, die deftige Andouillette sei in ganz Frankreich verbreitet, die Weißwurst wachse dagegen nur im Bannkreis bayerischer Brauereien, wo sie den Eingeborenen als Vorwand dient, ihren absonderlichen Trinkgewohnheiten nachzugehen. Sie habe mit einem Nahrungsmittel nichts, mit einer Delikatesse gar nichts zu tun. Jede Zubereitungsart, die der Weißwurst die eigentliche Fadheit nehme, sollte deshalb willkommen sein.

Die Kalbsbratwurst

Das Brät der Kalbsbratwurst besteht aus Kalb- und Schweinefleisch samt Speck. Häutelwerk, Petersilie und Zitronenschale fehlen. Es wird in dünne Schafssaitlinge abgefüllt. Vor dem Verzehr wird diese Wurst leicht angebraten. Die Kalbsbratwurst gilt als Mutter der Weißwurst. Aus ihr entwickelte sich das weltberühmte Schmankerl.

Die Weiße im Ring

Eine Wurst, die ein wenig aus der Mode gekommen ist, sich früher aber großer Beliebtheit erfreute. Das Brät aus Kalb- und Schweinefleisch samt Speck ohne Häutelwerk und Petersilie wird in einen Rinderkranzdarm gefüllt. Die Weiße im Ring sieht aus wie eine Lyoner, nur halt mit weißer Farbe. Sie wird gekocht oder abgebraten serviert.

Die Stockwurst

Die Stockwurst ist eine Imitation der früher sehr teuren Weißwurst aus Kalb- und Schweinefleisch und war die Weißwurst der Armen. Sie wird herstellt aus Rindfleisch, etwas Schweinespeck, Häutelwerk vom Rinderkopf und in Rinderdärme abgefüllt. Im Gegensatz zur Weißwurst wird sie nicht abgedreht sondern mit Wurstkordel abgebunden. Dies liegt an den Rinderdärmen, die so fest sind, daß sie sich nur abbinden lassen.

Die Wollwurst

Sie wird auch gerne in Bayern „G'schwoine" (Geschwollene) genannt, weil das frische Kalbsbrät (ohne Petersilie und Häutelwerk) beim Eintauchen ins heiße Wasser aufschwillt. Die Wollwurst ist die einzige Wurst in Bayern, die nicht in einem Darm gefüllt wird, sondern „nackert" verkauft wird. Sie wird in Fett abgebraten und mit Kartoffelsalat und einer braunen Soße verspeist.

Die Hirnwurst

Sie gilt spaßeshalber in Bayern als zu bevorzugender Brotbelag für die Preuß'n. Die Hirnwurst, auch Gelbwurst genannt, besteht zum Großteil aus Kalbsbrät und Speck (neuerdings auch mit Petersilie) und wird in Schweine- oder Rinderdärme abgefüllt, die nach dem Abbrühen gelb angestrichen werden.

Rezepte mit Weißwurst

Eine Herausforderung für Köche

Köche sind bekannt als kreative Menschen mit dem ausgeprägten Hang, alles auszuprobieren und immer etwas Neues zu erfinden. Eine Edelwurst wie die bayerische Weißwurst lockt da wie die Loreley. Sie bedeutet verständlicherweise eine echte Herausforderung, sich mit ihr zu befassen und neue Rezepte damit auszuprobieren. Einiges davon ist sogar durchaus genießbar. Pauschal muß jedoch angemerkt werden, daß am Ende alles zwar *nach*, aber nichts *wie* Weißwurst schmeckt. Die ist nun mal ein Kleinod der gutbürgerlichen Küche und hat mit der „nouvelle cuisine" oder anderen hochtrabenden Gattungen der Küchenkunst nur wenig, um nicht zu sagen überhaupt nichts am Trachtenhut. In der Einfachheit, sie schlicht heiß mit Senf, Brezn und Bier zu genießen, liegt ihre Größe und ihr einzigartiger Geschmack begründet.

Die Rezepte mit und von der Weißwurst sind mannigfaltig und verblüffen des öfteren so, daß einem der Mund offen stehen bleibt und man keinen Bissen mehr herunter bekommt. Da gibt es einen deftigen Weißwurst-Salat mit Senfsoße und fein gehackten Schalotten und Kresse. Ein Rezept zwängt die Weißwurst in einen Weinteig, der mit Honig und frischen Kräutern „verfeinert" wurde. Einen Bierteig hätte man ja noch halbwegs einsehen können, aber Weinteig? Das Weißwurst-Geröstl mit gebratenen Weißwurst- und Knödelscheiben an Blattsalat in Rotweindressing mit gerösteten Kürbiskernen stand auch schon auf diversen Speisenkarten. Eine Weißwurstsuppe, in der panierte Weißwurststücke gondeln, darf da nicht fehlen.

Der Münchner Sternekoch Otto Koch präsentierte vor

einigen Jahren eine ausgefallene Edelweißwurst zur Atzung der Schickeria. Dafür brockte er, (zur Beruhigung von Preuß'n sei das gesagt) keine Edelweiße am Wendelstein, sondern griff gnadenlos zum Fisch. Zander, Lotte, Steinbutt und Hummerkrabben wurden da gemeinsam durch den Fleischwolf gedreht und danach mit Rahm, Schnittlauch und Gewürzen vermischt. Diese Masse, Farce genannt, was aus der konservativen Sicht des normalen Weißwurstkonsumenten der Wahrheit sehr nahe kommt, wird anschließend in einen hundsgewöhnlichen Schweinedarm eingefüllt und sanft pochiert. Serviert wird dieser fischige Weißwurstwolpertinger dann auf Wirsing samt kleingehackter Tomate, umrahmt von einer Dijon-Senfsauce. Als Fischgericht mag das sehr akzeptabel schmecken, es aber mit dem Namen Weißwurst in Verbindung zu bringen, das grenzt in Bayern an Gotteslästerung.

Weißwurst mit Sauerkraut – warum nur, warum?

Ebenso grassiert es als gräßliche Angewohnheit weltweit, die Weißwurst mit feistem Sauerkraut zu servieren. Warum dem so ist, weiß eigentlich niemand. Menschen mit normal ausgeprägten Geschmacksnerven können nur schwerlich diese Variation erfunden haben. Denn das deftige Kraut erschlägt den feinen Geschmack der Weißwurst und wertet sie ab. Aber zur deutschen Wurst gehört offensichtlich als Standardbeilage Kraut, und dieses Klischee hält sich unausrottbar.

Man muß nicht einmal weit nördlich des Weißwurstäquators reisen, um auf dieses gastronomische Leiden zu stoßen. Folgende wahre Geschichte steht dafür. In den

50er Jahren fuhr Münchens unvergessener Oberbürgermeister Thomas Wimmer zu einem bayerischen Abend seiner Parteifreunde nach Bonn. In seinem Reisegepäck befand sich ein Tragl mit Weißwürscht, die auf großen Anklang stießen und die sich alle wohl schmecken ließen. Die Abgeordneten wollten auf das Schmankerl Weißwurst künftig auch in der Bundeshauptstadt nicht verzichten. Sie intervenierten diesbezüglich in der Küche, und danach stand auf der Speisekarte des Bundeshausrestaurants öfters „Weißwürste mit Sauerkohl". Was sicher nicht im Sinn des Münchner OB war, dafür wohl ein unfreiwilliges Zugeständnis an die nördliche Geschmacksrichtung bedeutete.

Der Weltenbummler wird heute überall mit der Kohl-Variante konfrontiert, was aber nichts mit dem gleichnamigen Ex-Kanzler Helmut zu tun hat. So bietet das lizenzierte Hofbräuhaus in Melbourne (Australien) die „white sausage served on Sauerkraut with potatoes" ebenso an wie das Restaurant „Matterhorn" am Mammouth Lakes in Kalifornien.

Doch es gibt noch Schlimmeres. Das „Café Berlin" in N. E. Washington verblüfft mit dem Angebot eines Weißwurstsandwiches „served on a roll" zu 5.95 Dollar. Den Vogel schoß aber das Restaurant „Franzl" im kanadischen Calgary ab. Dort wurde während der Olympischen Spiele 1988 „geschnetzelte Weißwurst mit Barbecue-Sauce" offeriert. Franzl war aus Heidelberg, der „bayerische" Akkordeonspieler in Lederhosen aus Köln, die Schuhplattler aus der Tschechoslowakei und die Tropfsteinhöhle aus Gips und Pappmaché.

Die Barbecue-Sauce war ihr Geld wert, denn man konnte so beim besten Willen nicht feststellen, wie die Weißwurst schmeckte.

Attentate auf die Weißwurst

Auf die Barrikaden gingen 1980 in München und Umgebung die traditionsbewußten Weißwurstmetzger und Wirte. Von einem verruchten Attentat auf ihre Delikatesse wurde gesprochen, das zum Himmel schrie. Hatte doch ein Produzent aus dem Bad Aiblinger Landkreis (den hat man inzwischen aufgelöst) sich erdreistet, Weißwürscht erstmals mit Putenfleisch herzustellen und diese auf der Feinkostmesse IKOFA auch noch aller Welt zu präsentieren.

Nichts gegen Putenfleisch, aber doch bitte nicht in der Weißwurst, lautete das stimmgewaltige Klagelied in weißblauen Gefilden. Rein merkantile Gründe führten zur Herstellung dieses in den Augen der echten Weißwurstfreunde „verabscheuungswürdigen Kretins“ namens Puten-Weißwurst. Das Fleisch dieser Geflügelart genoß in dieser Zeit zunehmend Popularität und hatte zudem den verlockenden Vorteil, gut 40 Prozent billiger als Kalbfleisch zu sein. Bei einem täglichen Verbrauch von gut 150 000 Weißwürscht allein in Münchner Raum fing damals mancher zu rechnen an – um diese Rechnung dann aber gleich wieder zu verwerfen. Zumindest die der Tradition verbundenen Metzger taten dies.

Der Aufregung folgte ein Sturm der Entrüstung, der diesen Geflügel-Anschlag auf die Weißwurst erfolgreich abwehren konnte. Der Münchner Lokaldichter Helmut Seitz griff zur Feder, faßte seinen Protest in Versform und veröffentlichte ihn in der „Süddeutschen Zeitung“:

Die Weißwurscht muß auch künftig sein
Wie wir's von jeher kennen
Und mixt man uns wer weiß was rein
Dann soll man dieses Puten-Klein
Werweißwaswürschte nennen.

Die Roß-Weißwurst

Kaum hatte man sich vom Schreck mit der Puten-Weißwurst erholt und diesen Angriff auf Bayerns Schmankerl Nr. 1 ins Leere laufen lassen, da kam es noch dicker. 1983 präsentierte ein bekannter bayerischer Pferdemetzger auf dem traditionsreichen Viktualienmarkt eine „Roß-Weißwurst“. Das muß man sich mal auf der Zunge zergehen lassen. Ja, pfui Deifi! Wie vom Pferd getreten nahm man diesen Frevel zur Kenntnis. Das war alles andere als zum Wiehern.

„Es ist halt alles eine Geschmacksache“, sagte bekanntlich der Affe und biß in die Seife. Aber eine Roß-Weißwurst, das war schon ein einzigartiger Skandal für die Münchner Kaste der eingefleischten Brotzeitmacher. „Womöglich darf man zur Herstellung dieser schrecklichen Wurst nur Schimmel verwenden“, lästerte einer, was ein schlechter Kalauer war, der Sache aber auch nicht weiterhalf. Tatsache war nun mal, daß dieser Roß-Executer Fohlen aller Art in seine Weißwurst verwurstelte.

Richard Süßmeier, Alt-Doyen der Münchner Innenstadtwirte, kommentierte diese hippologische Weißwurst-Kreation damals kurz und bündig in seiner typischen Art: „Ein Roß gehört auf die Rennbahn, nicht in die Weißwurst.“

Von einer Roß-Weißwurst hat man seitdem nichts mehr gehört.

Die Bier-
Weißwurst

Wenig Erfolg war auch einer Bier-Weißwurst vergönnt, die ein Münchner Wirt erfunden und ziemlich spektakulär auch propagiert hatte. Statt Wasser setzte der „Erfinder“ dem Weißwurst-Brät bayerisches Bier zu. Dabei verwendete er drei verschiedene Sorten. Eine Weißwurst kam in den Genuß von Starkbier, eine von dunklem Bier und eine von Weißbier. Die Weißwurst verlor dadurch ihre angestammte Farbe und schimmerte beige aus der Wursthaut ins tränende Auge.

Trotz des Bierzusatzes galt diese Weißwurst sogar als alkoholfrei. Beim Abbrühen der Würste verduftete der Alkohol sozusagen. Der Hund des Wirtes auch. Wie der Erfinder gestand, erhielt sein Dackel ein Testexemplar zum Fressen – und verschmähte es. Ein gescheites Viecherl.

Nachtrag: Die Weißwurst aus Putenfleisch setzte sich im Laufe der Jahre dann doch durch und gehört heute bei einigen Metzgereien zum Sortiment. Rinderseuche, Hormon-Horrormeldungen und andere Formen des gewinnmaximierenden Kapitalismus in der Kälberzucht sorgten dafür, daß die Geflügelwurst auf Höhenflug gehen konnte. Viele wollten nach den Kalbfleischskandalen auch künftig nicht auf die Weißwurst verzichten und griffen aus Vorsicht deshalb zu diesem Weißwurst-Derivat.

Der Himmel hängt voller Weißwürscht.
(Foto Dix / Heinz Gebhardt)

Rund um
die Weißwurst

Die Weißwurst als Wirtschaftsfaktor

Genaue Zahlen gibt es nicht, aber seriöse Schätzungen gehen davon aus, daß tagtäglich in München und der näheren Umgebung der Landeshauptstadt etwa 250 000 Stück Weißwürscht verzehrt werden. Zu Faschingszeiten sogar mehr als eine halbe Million. Das ist kein Haufen Holz, aber eine Menge Würscht.

Rechnet man pro Weißwurst ein Gewicht von 100 Gramm, dann macht das die stolze Summe von 25 Tonnen, die da bei der alltäglichen Atzung in Gasthäusern, Wirtschaften und Biergärten verputzt werden. Bei diesen Mengen und bis diese alle verzehrt sind, muß man muß sich fast schon fragen: ja wann arbeiten denn die Leute alle?

Die Weißwurst ist gemäß dieser Rechnung nicht nur ein echtes Brotzeitschmankerl, das Leib und Seele zusammenhält, sondern auch ein echter Wirtschaftsfaktor, der ins Gewicht fällt. Viele Leute im Freistaat leben von der Herstellung und vom Verkauf der hochgeschätzten Wurst. Und das angeblich nicht allzu schlecht. Hochgerechnet beträgt der Weißwurstumsatz aufs Jahr gesehen 75 Millionen Stück. Dabei wurden sechs Tage pro Woche zugrunde gelegt, weil sonntags der Metzger auch mal „sei Ruah" haben will.

Bei einem 100-Gramm-Preis von durchschnittlich zwei Mark – soviel muß anno 1998 bei Weißwurstkauf auf die Metzgertheke hingelegt werden – ergibt das nicht weniger als 150 Millionen Mark Umsatz, der da mit dem Aushängeschild bayerischer Metzgerkunst in einem Jahr erzielt wird. Bayernweit werden es leicht mehr als 200 Millionen Mark sein.

Da freuen sich nicht nur die Metzgers- und Wirtsleute unter dem weißblauen Himmel, sondern vor allem auch der Finanzminister in Bonn. Der bundesrepublikanische Kassenwart kann sich täglich allein mit der anfallenden Mehrwertsteuer mehr als nur ein warmes „Supperl" leisten. Die Einkommensteuer sackt er ja noch zusätzlich ein. Womit der Beweis erbracht wurde: Die bayerische Weißwurst ist eine wichtige Stütze der deutschen Wirtschaft.

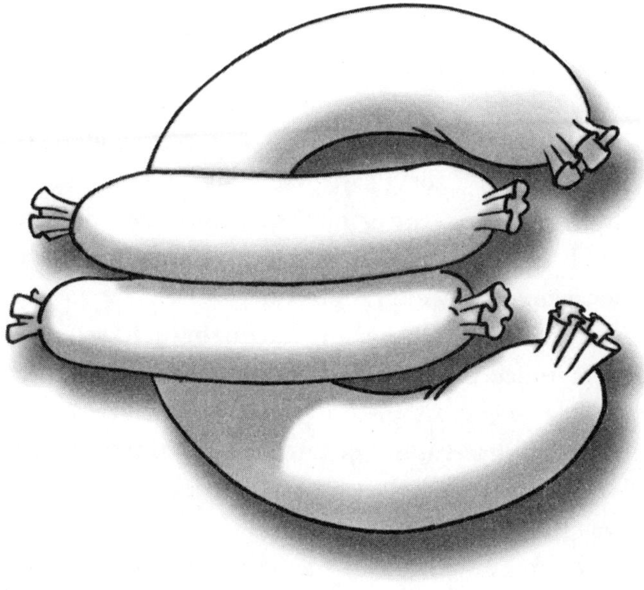

Auch im Zeichen des Euro – und im Hightechland Bayern – ist die Weißwurst ein nicht wegzudenkender Wirtschaftsfaktor.

Weißwurst-Wettessen

Von der Weißwurst kann man nie genug bekommen. Das kann sicherlich jeder bayerische Brotzeitjünger verstehen. Doch es gab auch Auswüchse beim Verzehr der bayerischsten alle Würste, die auf große Skepsis stießen. Anfang der Fünfziger Jahre kamen plötzlich Weißwurstwettessen in Mode und genossen eine hohe Popularität. Es grassierte sogar eine echte Rekordsucht, über die sich viele mokierten. Daß eine Weißwurst ohne Genuß einfach runtergeschlungen wurde – das hatte dieses Schmankerl in ihren Augen nicht verdient.

Den Teilnehmern solch einer Weißwurst-Freß-Olympiade war das damals ziemlich wurscht. Nirgendwo konnte man sich billiger richtig satt essen, als bei so einem Wettkampf. Schließlich war es noch die Zeit nach dem Krieg, wo der Hunger alles andere als ein Unbekannter nicht nur in bayerischen Breitengraden war.

Die Aufgabenstellung und die Regeln waren bei solchen Wettbewerben ziemlich einfach: Es galt, in einer bestimmten Zeit eine möglichst große Anzahl von Weißwürsten zu verschlingen, oder ohne Zeitlimit einen absoluten Weißwurst-Freßrekord aufzustellen. Bayerische Zeitungen berichteten dabei von abenteuerlichen Rekordleistungen. Bei einem Wettbewerb schaffte ein Vielfraß in 105 Sekunden 15 Weißwürste, was lange als Bestleistung geführt wurde. Den absoluten Rekord stellte ein Nürnberger Wirt im November 1952 auf. Der fränkische Gourmand vertilgte in 93 Sekunden nicht weniger als 17 Stück

EINLADUNG ZUM

WEISSWUARSCHT-ESSEN

Am: ....

Um: ....

Bei: ....

Wos ghöert dazua?

- O 1 weißblaue Dischdeckn
- O 1-3 frische Brezn
- O 1/2 Pfd Butta
- O 4 Stück Weißwürschtl (frisch aus`m Kessl)
- O 1 Glasl Hausmacher Senf (süß)
- O 2 Flaschl Weißbier (mit Hefe)

Achtung!
D' Würschtl wearn mit de Finga gessn und auszuzzelt.
(ned erlaubt is: Messa und Gobel, schlürfn oda saugn)
Kumst?

Dei ....

Fax-Formular aus: HergottsakraFAXament,

Weißwürste. Diese Leistung gilt bis zum heutigen Tag noch als Rekord der Rekorde.

Der verstorbene AZ-Kolumnist Sigi Sommer, stadtbekannter Wortbildhauer und -drexler, der als „Spaziergänger Blasius“ den Münchnern und Bayern wie kein anderer auf und ins Maul schaute, widmete in einer seiner Geschichten einem gewissen Schorsch Schesl seine ganze Aufmerksamkeit. Dieser Münchner Pflasterer soll ein absolut „außergewöhnlicher Freßsack“ gewesen sein, den der Herrgott nicht mit dem unnatürlichen Talent der Völlerei, sondern wahrscheinlich auch mit einem riesigen Bandwurm ausgestattet hatte: Er konnte jedenfalls essen ohne Ende. So soll der Schorsch unter anderem einmal ein halbes Kalb geschmaust haben, in dem er es vorher sott, ganz klein wiegte und nachher mit dem Löffel aß. Er gewann auch die Wette, er würde einen Meter Weißwürste, „nebeneinander hingelegt“ (d.h. nicht der Länge, sondern der Breite nach) auf einen Sitz aufessen. Es waren 67 Stück, die er da schluckte.

Im Herbst 1989 kam es in der bayerischen Landeshauptstadt zu einem tragischen Unglück. Der Münchner Oswald I. hatte aus Gaudi gewettet, daß er eine Weißwurst auf einen Satz essen könne. Der Versuch mißlang. Der Metzger verschluckte sich bei dem Vorhaben so sehr, daß es zum Atemstillstand kam. Er konnte zwar noch reanimiert werden, doch drei Wochen später starb er in einer Münchner Klinik.

1962 – die zehnmillionste Weißwurst !

Eine Urmünchner Jubiläumsfeier stieg Anfang Februar 1962 in der Donisl-Metzgerei. Vor zahlreichen Rundfunk- und Pressevertretern fabrizierte der Donislmetzger Karl Attmannspacher seine 10millionste Weißwurst, seit dem er vor 12 Jahren in den wiederaufgebauten Donisl kam.

Um die zehnmillionste Wurst nachhaltig im Gedächtnis seiner Gäste zu erhalten, stellte der Donislwirt einen Gutschein über 500 Mark zur Verfügung, den der zehnmillionste Donisl-Weißwurstesser bekommen sollte. Der Gutschein wurde in eine Leichtmetallkapsel gesteckt, die zusammen mit 1000 ihrer Artgenossen in den Donisl kam. Wenig später ertönte aus der linken Lokalecke im Erdgeschoß ein Jubelschrei. Vier Studenten umringten ihren Kollegen Manfred Taumüller, der in die „10millionste" gebissen hatte und die 500 Mark freudestrahlend in Empfang nahm.

Der Jubiläums-Weißwurst-Esser Manfred Taumüller (links), ein Münchner Student, bekommt vom Donisl-Wirt Kurt Baader und Faschingsprinzessin Charlotte I. fünfhundert Mark überreicht.

Die Weißwurst in der Musik

Natürlich darf ein Weißwurstlied, sozusagen eine Ode an das bayerische Schmankerl, nicht fehlen. Das bekannteste hieß einst „Ja gibt es keine Weißwürscht net“, ist jedoch längst in Vergessenheit geraten.

Münchner Verbindungsstudenten halten dagegen seit mehr als einem Jahrhundert die Farben der Weißwurst hoch. Im ihrem beliebten „Münchner Lied“ wird die fünfte und letzte Strophe von „Füchsen“ bis hin zu den „Alten Herren“ mit Begeisterung geschmettert. Sie lautet:

Schöne Stadt am Isarstrande,
Bayernlandes schönste Zier,
weit bekannt im ganzen Lande
wegen deines guten Biers.
Wer die Weißwurst nie gegessen,
wer das Hofbräuhaus nicht kennt,
/:im Englisch' Garten nie gesessen,
der war in München nie Student.:/

Nach dem Studium schwärmten viele Absolventen der Münchner Universitäten und Hochschulen in die ganze Welt aus, um ihren Beruf auszuüben. Ausgestattet mit den besten Erinnerungen an München und seine Weißwürscht. So mancher hatte bei großen Bällen im Weißwurstkeller des Deutschen Theaters seine Herzallerliebste für eine Nacht oder fürs ganze Leben kennengelernt.

Auch dieses prägte den guten Ruf der Weißwurst weltweit und verschaffte ihr ein gutes Ansehen selbst in höchsten Kreisen. Münchens ehemalige Studiosi trugen damit nicht unwesentlich zum Mythos der Weißwurst bei.

Bestnoten für die Weißwurst.

„Call a Weißwurst“

Im Zeitalter von „Fast food“ wird es auch für ein traditionelles Schmankerl wie die Weißwurst immer schwerer, seine Position erfolgreich zu verteidigen. Zum „Weißwurst-Mac“ fehlt noch ein ganzes Stück, und der Himmel möge uns davor bewahren. Doch in Sachen Vertrieb gab es bereits den ersten Versuch, die Weißwurst auf eine neue, moderne Schiene zu hieven.

„Call a Weißwurst – der heiße Draht zur weißen Wurst.“ So warb 1996 ein „fortschrittliches“ Münchner Unternehmen für seine Dienste. „Wer Münchens obligatorischen Gourmet-Test ablegen will, muß jetzt nicht einmal mehr das Haus verlassen“, lockte die Werbung und bot Weißwürste frei Haus an.

Der erste Weißwurst-Lieferservice der Landesmetropole versorgte werktags zwischen acht und zehn Uhr vormittags das ganze Stadtgebiet mit der Frühstücksspezialität sowie dem dazugehörigen Senf und der Brezn. Wer ein Weißwurst-Frühstück wollte, konnte per Fax (bis 15 Uhr des Vortages) die Bestellung aufgeben. Pro Weißwurst verlangte der Lieferant zwei Mark, die Brezn stand mit 75 Pfennige im Angebot, der Senf wurde für drei Mark offeriert. Der Mindestbestellwert lag bei 35 Mark.

Das Angebot stellte sich keinesfalls als überteuert dar. Dem Unternehmen war dennoch kein Erfolg vergönnt. Die Firma ging sang und klanglos ein und verschwand vom Markt.

Eine Weißwurst ist halt doch keine Pizza . . .

Die Weißwurst hat auch in die Welt der Graffiti Eingang gefunden.

Weißwurst-Design-PD

Eine (fast) wahre Geschichte
Von Gunther Eysenbach

Neulich hatte ich in einem Anfall von Kreativität ein tolles Ding programmiert. Den Anstoß dazu lieferte mir ein Mensabesuch, damals gab es etwas ganz Besonderes: Weißwürscht.

Meine Schneidezähne kämpften sich gerade durch das bittere Plastik des kleinen grünen Senftütchens, da tauchte jenes Problem auf, welches zu lösen geradezu ideal für einen Computer war. Ich hatte 15 ml süßen Senf zur Verfügung und mußte diesen nun gleichmäßig auf der gesamten Weißwurst verteilen – dazu hatte ich die Wurstoberfläche durch senkrechte oder schräge Schnitte im Wurstzentrum oder auch in Wurstzipfelnähe entsprechend der verfügbaren Senfmenge zu vergrößern; die Ermittlung dieser Schnitte sollte nun Sache meines Programmes PICASSO (Precision Infinite Computer Aided Sausage Section Optimizer-Unbegrenzter Computer-gestützter Präzisions-Weißwurstschnitt-Optimierer) werden, welches ich nach jenem Schlüsselerlebnis sofort zu entwickeln begann.

Nach tage- und nächtelanger Arbeit (meine Wohnung sah inzwischen aus wie eine Wurstfabrik nach einer Gasexplosion) übertraf das Ergebnis kühnste Erwartungen: PICASSO war universell einsetzbar – 39 Parameter sorgten für die individuelle Anpassung an jedes spezielle Weißwurstproblem. Neben einigen grundlegenden Angaben wie Senfmenge, gewünschte Senfschichtdicke, Weißwurstanzahl, Weißwurstgröße und -gestalt, kann der Benutzer – alles (wie es sich für ein kulinarisches Programm gehört) voll menügesteuert – noch viele weitere Parameter angeben, wie z.B. die Senfdichte oder die Senfviskosität, kann zwischen Horizontal-,Vertikal- und Sagittalschnitt wählen – kurz, alles, was das Herz des Weißwurstfreundes begehrt, wurde berücksichtigt.

Auf einen repräsentativen Output verwendete ich nicht weniger Mühe als auf den Input: Im hochauflösenden Grafikmodus wird jede Weißwurst in 3-D-Darstellung – wahlweise als Drahtgittermodell oder als Ray-Tracing Animation mit maximal 255 Farben – vor den Augen des Users elektronisch zerschnitten und – als zusätzlicher Gag – effektvoll mit Senf übergossen. Die Schnittmuster – mit Angabe von Messeransatzkoordinaten, Schnittwinkeln und weiteren fundamentalen Daten – können selbstverständlich ausgedruckt und auf Diskette gespeichert werden. Schließt man einen Plotter an, erhält man das fertige Wurstdesign multiperspektivisch in 3-D-Gitterdarstellung. Kurz gesagt – es war ein rundum professionelles Programm.

PICASSO als Public Domain

Nun überlegte ich mir, daß es eigentlich eine Schande wäre, ein Programm dieser Qualität einem breiten Publikum vorzuenthalten. Zunächst dachte ich (angesichts der kostspieligen Instandsetzungsarbeiten an meiner Wohnung) natürlich an eine kommerzielle Vermarktung, mußte aber nach einigen ebenso erfolglosen wie auch ruinösen Kleinanzeigen in diversen Computermagazinen (auf die nur fünf Rechtsanwälte mit einer mysteriösen Abmahnung reagierten – ich sollte doch das Raubkopieren sein lassen und nebst Unterlassungserklärung 463,- DM zzgl. MwSt. zurücksenden) einsehen, daß die Nachfrage nach einem solch speziellen Programm wohl zu gering sein würde und in keinem Verhältnis zum finanziellen Aufwand stehen würde.

Nach einigem Überlegen stellte ich schließlich PICASSO als Public Domain (PD) zur Verfügung, denn unter dieser „alternativen Vertriebsform“ tummelt sich ohnehin schon allerlei Skurriles wie auch Geniales, und auch seltenste Anwendungen finden auf diesem Weg zu ihren Anwendern. Ich entfernte also den Copyrightvermerk aus dem Titelbild, schrieb statt dessen „PD-Software: Kopieren erlaubt – gewerbliche Nutzung verboten“ oder so etwas Ähnliches hinein, und gab die Diskette einem Bekannten.

Weißwurst-Shaper für DM 9,99

Recht bald danach – ich hatte die Sache fast vergessen – fielen mir beim Blättern im Anzeigenfriedhof einer Computerzeitschrift fast die Augen aus dem Kopf: Überall Bildschirmfotos und Beschreibungen meines PICASSO-Programms, fast jeder Inserent beanspruchte für sich diese „Revolution auf dem CASD-Sektor (Computer-Aided-Sausage-Design)“, in jeder Anzeige hatte mein Programm einen anderen Namen – und einen anderen Preis. „WEIßWURST-EDDI – ein Wursteditor der neuesten Generation, bei uns als Public-Domain Disk nur 19,- DM . . .“, hieß es da, oder auch „FISH 900-999 – unsere kulinarischen PD-Spezialitäten, u.a. mit Programmen wie GET-A-SPAGHETTI, WEIßWURST-Shaper u.v.m., je Disk nur DM 9,99“.

Wutentbrannt rief ich bei einem der PD-Anbieter an, und empörte mich lautstark, wie er denn dazu käme, mein Programm zum Verkauf anzubieten.

„Sie haben doch auf jegliche Copyright-Rechte verzichtet!" tönte es mir in einer Mischung aus Erstaunen und Mitleid über so viel Naivität entgegen.

„Ja, schon, aber nicht, damit jemand sich daran eine goldene Nase verdient, sondern damit in Zukunft jedermann eine Hilfe zur komplexen Berechnung der Weißwurstschnitt . . ."

„Moment, Moment!", unterbrach mich eine unwirsche Stimme," Von 'goldener Nase verdienen' kann ja wohl ü-ber-haupt-keine Rede sein!"

Schüchtern fragte ich, wohin denn dann die 19 Mark wanderten, wenn nicht in seine Tasche.

„Ja, also was glauben Sie denn, was ich für Unkosten habe!", empörte sich der Mann am anderen Ende des Drahtes, „allein die Schaltung der Anzeigenserie in allen führenden Computerzeitschriften, Druckkosten für vierfarbige Hochglanzprospekte, Direct-Mail-Werbesendungen, ganz zu schweigen von der Miete für die Geschäftsräume, Unterhalt für die Geschäftswagen, Gehaltskosten für meine 20 Mitarbeiter, Rechtsanwaltskosten, Steuerberater, Chauffeur, Raumpflegerin, die müssen doch alle von etwas leben, oder?"

Ich war erstaunt darüber, wie viele Leute von meinem Programm leben können, und schwieg verdattert einige Sekunden lang. Als ich mich wieder gefangen hatte, wagte ich einen erneuten Einwand, denn eines war mir immer noch nicht ganz klar:

„Wenn für Sie nichts dabei abfällt, warum ziehen Sie dann so einen Riesen-Laden auf, machen sich die Arbeit mit dem Kopieren, der Werbung und der Auftragsabwicklung – aus reiner Nächstenliebe, oder um die PD zu verbreiten, oder wie?“ fragte ich etwas einfältig.

Nutzen für alle

Die unwirsche Tonlage verwandelte sich in die eines gütigen Samariters:

„Genau – jetzt kommen Sie der Sache schon näher! Sie müssen doch auch sehen, daß ich etwas für die Allgemeinheit tue. Letztendlich nützt es ja allen, wenn die PD möglichst weit verbreitet wird. Ich stecke da ja auch viel Zeit rein, und das muß ja auch irgendwie entschädigt werden,“ klang es aus dem Hörer, und ich begann schon, mit den Tränen des Mitleids zu kämpfen, „meinen alten Job kann ich ja nun auch nicht mehr ausüben, und von irgendwas muß ich ja noch leben . . .“

„Also noch einer, der von meinen Weißwürsten lebt!“, schoß es mir durch den Kopf.

„Demnach verdienen Sie also doch an meinem Weißwurst-Design-Programm, welches ich ausdrücklich für nicht-gewerblichen Gebrauch zur Verfügung gestellt habe . . .“

„Verdienen? Wenn Sie meine Ausgaben mit einbeziehen und den Arbeitsaufwand und . . .“

Irgendwie verlief unser Gespräch im Kreise – wütend knallte ich den Hörer so fest auf die Gabel, daß mein Modem verängstigt piepste.

Gespräche mit anderen PD-Anbietern verliefen ähnlich, und ich mußte feststellten, daß so ziemlich die ganze Branche an dem Ding verdiente – alle, bis auf einen: mich.

Weißwürscht vom Speiseplan gestrichen

Ich beschloß, die Sache auf sich beruhen zu lassen und das Ganze möglichst schnell zu vergessen. Ich vernichtete sämtliche Unterlagen, Berechnungen und Aufzeichnungen über das Programm, beseitigte alle Senfreste aus meiner Kleidung und strich Weißwürste von meinem Speiseplan. Dann hoffte ich, mich wieder anderen Dingen zuwenden zu können.

Doch eines hatte ich nicht bedacht: Da ich im Programm meine Adresse verewigt hatte, bekomme ich nun auch des öfteren Post in Sachen Weißwurst-Design. So zum Beispiel von dem Schweizer, der die Weißwürste lieber mit Löchern ißt und eine entsprechende Option vermißte. Von dem Österreicher, der mich wüst beschimpfte, weil er für das Programm ein Heidengeld gezahlt hatte und dann feststellen mußte, daß er es mangels österreichischen Weißwürsten gar nicht verwenden konnte. Von dem Münchner, der meinte, für das Geld könne man ja wohl auch die Implementierung einer Weißbier-Routine verlangen. Oder von dem Hamburger, der mir sein Herz über die Kompatiblitätsprobleme mit seinen Fischbrötchen ausschüttete.

Die Beantwortung vieler Fragen macht ungeheure Arbeit und kostet Zeit, Porto und Nerven. Ein Scheck ist fast nie dabei – die Leute haben die Dinger ja schon bei den PD-Vertriebs-Menschen bezahlt. Diese Herren und Damen wiederum sind offensichtlich so mit der Auftragsabwicklung und dem Geldzählen beschäftigt, daß für Service oder Kundenbetreuung beim (nicht vorhandenen) besten Willen keine Zeit bleibt. Und selbst, wenn sie wollten, könnten sie nicht helfen, wissen die doch oftmals gar nicht, was sie da überhaupt anbieten, geschweige denn, wie die Sache zu bedienen ist.

Zurück zu meinem Weißwurstprogramm: Auch die Lorbeeren für meine Arbeit ernteten andere. Vor einiger Zeit ging es in einer Computerzeitschrift buchstäblich um die Wurst: In dem Testbericht wurde auch mein PICASSO ausführlich besprochen und für gut befunden. Meinen Namen suchte ich in dem Artikel allerdings vergeblich – dafür standen die Adressen von 25 PD-Anbietern unter dem Bericht.

Bis heute plage ich mich mit dem „computer aided" Weißwurstdesign. Angesichts der Tatsache, daß mir schon beim bloßen Anblick von Weißwürsten inzwischen übel wird, spiele ich bereits mit dem Gedanken auszuwandern, irgendwohin, bloß jenseits des Weißwurstäquators.

Gestern saß ich wieder beim Essen – diesmal an einem Stück Schnitzel. Diesmal stellte sich ein neues Problem: Wie lege ich die Schnitte am günstigsten, um mit möglichst wenig Schnitten das vorliegende Teil in mundgerechte Stücke zu dividieren? Eine ideale Aufgabenstellung für den Computer – aber . . . gerade noch rechtzeitig vertrieb ich diesen Gedanken aus meinem Hirn – und aß das Schnitzel aus der Hand.

Der 31jährige Autor bezeichnet sich selbst als Cyber-Mediziner und arbeitet als Arzt für Dermatologie sowie als Medizin-Informatiker. Der Erlanger schrieb bislang eine große Anzahl von Büchern und Geschichten, darunter auch „Von Menschen und Maschinen" – eine satirische Anthologie.

Die Zukunft der Weißwurst

Um die Zukunft der farcimentum album, zu deutsch Weißwurst, ist es nicht zum allerbesten bestellt. Der Tag naht möglicherweise schon sehr bald, wo diese auf die rote Liste der bedrohten bayerischen Arten gesetzt werden muß, wenn sie nicht bereits schon dort steht. Die Forderung nach einem „World Weißwurst Found“ (WWF) ist da keineswegs an den Schweineborsten oder am Kälberstrick herbeigezogen.

Ursache für die Bedrohung ist insbesondere die moderne Tierhaltung und Aufzucht. Für Metzger einer guten bayerischen Weißwurst wird es heutzutage immer schwieriger, geeignetes Kalbfleisch zur Weißwurstproduktion zu bekommen. Ein Saugkalb von 40 Pfund gibt es praktisch überhaupt nicht mehr. Kälber mit weniger als 80 Kilo zu erhalten, ist auch fast schon Glücksache geworden. Das zeigt, wie dramatisch die Entwicklung bereits fortgeschritten ist.

Die heutigen Kälber gleichen, wenn man sie mit denen vor 100 Jahren mißt, eher Jungrindern. Ohne das zarte, weiche und helle Fleisch des ganz jungen Kalbes ist aber die sach- und fachgerechte Herstellung einer hervorragenden Weißwurst, deren Innenleben flaumig, locker und dennoch gut im Biß sein soll, nur mehr schwer gewährleistet.

Auch ruchlose Metzger bedrohen die Stellung der Weißwurst in der Welt. Die Einhaltung der Weißwurstverordnung wird immer lascher gehandhabt. Der Qualitätsstandard sinkt von Jahr zu Jahr leider immer bedenklicher, wie die zur Faschingszeit regelmäßig durchgeführten

Vom Aussterben bedroht . . .

Weißwursttests der Wurstprüfungskommision des Münchner Kreisverwaltungsreferats leidergottes belegen.

Die industrielle Herstellung trägt zudem ihren Teil zum Niedergang der Kultur des Weißwurstmachens und der Qualität bei. Weißwurstmachen ist eine alte Handwerkskunst, und Kunst kommt von Können. Diese zu bewahren und zu erhalten, sollte das Bestreben aller ehrlichen Metzger sein, die mit Liebe, Sorgfalt und Engagement ihr Handwerk betreiben. Weil es nicht wurscht sein kann – im Sinne unserer Nachfahren, denen Weißwurst aus der Tube mit Ketchup oder Majo nicht drohen darf. So ein schlimmes Schicksal hätte die Primadonna unter den Würsten wahrlich nicht verdient.

Wenn Sie **„münchnerisches“** und **„bayerisches“** suchen, dann sind Sie beim „KNÜRR-VERLAG“ richtig!

100 Jahre Münchner Philharmoniker

Offizielle Festschrift der Landeshauptstadt München von Gabriele E. Meyer

520 Seiten im Großformat, 23 x 28,5 cm

ISBN 3-928432-14-1
Abbildungen, Leinen mit Schutzumschlag,

nur DM 19,80

Golfer müssen verrückt sein

von K.J. Rabe

160 Seiten, 14 x 21 cm

ISBN 3-928432-22-2

DM 19,80

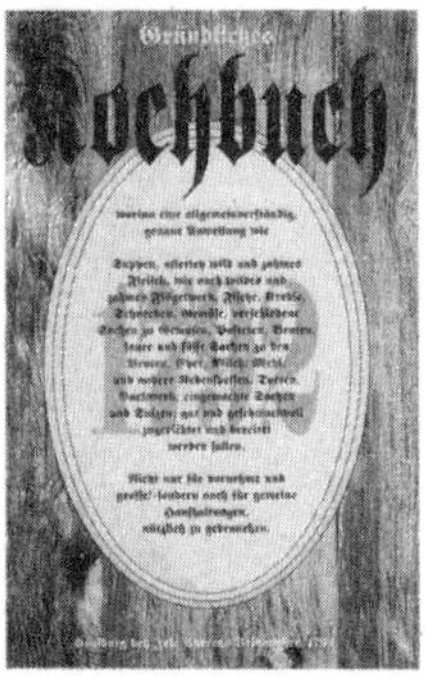

Gründliches Kochbuch von 1792

Neuausgabe eines Augsburger Kochbuchs aus dem Jahre 1792: Das »Kochbuch der Urgroßmutter unserer Großmutter«

160 Seiten, 14 x 21 cm, gebunden.

ISBN 3-928432-15-X

DM 19,80

Boarisch g'lacht

Witze und Anekdoten aus Bayern von Claus M. Baumann

160 Seiten, 14 x 21 cm

ISBN 3-928432-18-4

DM 19,80

<u>München-Klassiker:</u>

Uns Münchner wenn's ned gaab...

Münchner G'schichten von Max Spiegl – Der »Joseph« und seine heiteren Beobachtungen in der Weltstadt mit Herz, mit vielen Zeichnungen von Ernst Hürlimann

Erste und zweite Folge je 160 Seiten, 14 x 21 cm, gebunden,

ISBN 3-928432-09-5 bzw. 3-928432-13-3

je DM 19,80 (auch einzeln lieferbar!)

ALOIS KNÜRR VERLAGS-GMBH
D-81827 München, Sperberstraße 23
Tel. (0 89) 43 76 61 00, Fax (0 89) 4 39 29 86